CW00822942

— Не нужно, спасибо. Я здесь уже все магазины обегал и каждый метр улицы изучил. Меня вся Денискина палата за покупками посылает.

Они вместе дошли до угла Садового кольца и расстались.

* * *

Настя ехала в метро и думала о докторе Алиеве. Да, это действительно то, что сейчас нужно Денису. Она хорошо помнила телевизионные программы с участием Хасая Алиева «Помоги себе сам». Заикающиеся дети переставали заикаться практически мгновенно, а люди, измученные длительными головными болями, оживали буквально на глазах. Эти передачи произвели на нее тогда сильное впечатление, но это было четырнадцать лет назад, и сама Настя была на четырнадцать лет моложе, здоровее и глупее. Она хорошо запомнила все, что говорил и показывал Хасай Алиев, но никогда не пробовала на себе. У нее даже книжка была

«Уроки саморегуляции», но Настя по молодости лет прочла ее и куда-то засунула. Когда тебе чуть за двадцать, как-то с трудом верится, что и у тебя могут наступить тяжелые времена.

Если найти специалиста из центра доктора Алиева и попросить его позаниматься с Денисом, то можно решить две задачи одновременно. Во-первых, Денис научится справляться со своими эмоциями и не позволять им управлять его разумом. А во-вторых, навыки саморегуляции дадут ему возможность быстро поправиться после ранения и операции, причем настолько быстро, что все будут изумляться и писать о нем статьи. Он попадет в центр внимания, он станет необычным, он будет владеть методом, которым не владеет никто из его окружения, и это вернет ему ощущение своей значимости. Может быть, это поможет ему легче перенести перемены в жизни, которые неизбежно наступят уже осенью.

* * *

Утром жара стала уже совершенно невыносимой. Синоптики с маниакальной настойчивостью каждый день обещали, что через три дня начнутся дожди и грозы, но уже через два дня «меняли показания» и переносили вожделенную непогоду еще на два-три дня. Но и эти дни проходили, а жара и не думала отступать от завоеванных позиций.

Клавдия Никифоровна прибыла к следователю на опознание изрядно уставшей. Ее мучила одышка, полная пожилая женщина обливалась потом и явно страдала от повышенного давления.

Гмыря пригласил ее в кабинет и предупредил об ответственности за дачу заведомо ложных показаний. Клавдия Никифоровна охала, вздыхала, держалась то за сердце, то за голову и выглядела совершенно несчастной. Настя ее понимала, даже ей, относительно молодой и не имеющей ни грамма лишнего веса, было тяже-

ло, тем более в этом душном кабинете. Гмыря не переносил сквозняков и почти никогда не открывал окна, и Насте оставалось только удивляться, как это следователя до сих пор не хватил тепловой удар.

— Итак, Клавдия Никифоровна, вам предлагается посмотреть на этих пятерых мужчин и сказать, не знаком ли вам кто-либо из них.

Свидетельница медленно оглядывала присутствующих. Было заметно, что она сильно нервничает. Она дважды осмотрела опознаваемых, потом подошла к Дудареву.

— Вот этот, кажется.

— Где и когда вы его видели? Откуда вы его знаете?

— Я его не знаю, но он приходил к Косте из соседней квартиры.

— Поточнее, пожалуйста, — попросил Гмыря, быстро записывая показания в протокол. — К какому Косте и из какой квартиры?

— К Вяткину Косте, он в шестьдесят

восьмой квартире жил, а я в шестьдесят девятой.

— Что за бред! — закричал Дударев. — Я не знаю никакого Вяткина!

— Помолчите, будьте любезны, — оборвал его Гмыря. — Вы потом скажете все, что захотите. Клавдия Никифоровна, когда вы видели этого человека?

— Так я уже говорила, недели три назад в первый раз, а потом еще два раза, спустя неделю примерно. Он к Костику в квартиру звонил. Я в «глазок» видала.

— По каким признакам вы его узнали?

— Так по лицу же! — удивилась свидетельница. — Я же лицо запомнила.

— Этого недостаточно. Вы должны назвать нам те черты лица или другие признаки, по которым вы опознали этого человека.

— По шраму я узнала, — нервно сказала она. — И вот по бровям еще, они густые такие и на переносице срослись. И шрамик у него на щеке под ухом, длинненький такой.

— Хорошо, Клавдия Никифоровна, спасибо вам. Подпишите протокол, и можете быть свободны.

Пожилая женщина на негнущихся ногах подошла к столу следователя и склонилась над протоколом. В этот момент Дударев сделал шаг вперед и вцепился в ее руку.

— Старая лгунья! — заорал он. — Мерзавка! Что ты врешь? Где ты меня видела? У какого Костика? Я тебя убью, убью своими руками!

Лицо его было страшным, искаженным злобой и яростью, глаза сверкали. Еще секунда — и он наверняка прибил бы пожилую даму. Его схватили и оттащили в другой угол кабинета.

— Дударев, вы сами себе подписываете постановление о задержании, — сказал Гмыря, не поднимая головы от протокола. — Я не могу оставлять на свободе человека, который не владеет собой и может натворить черт знает что. Подписывайте, Клавдия Никифоровна.

Ручка выпала из ее пальцев, Клавдия Никифоровна начала хватать ртом воздух, лицо ее сделалось багровым, и она, как мешок, бесформенной кучей свалилась на пол.

— Уведите посторонних, — быстро скомандовал Гмыря, — и вызовите врача. Дударева не отпускайте.

Через сорок минут Клавдию Никифоровну погрузили на носилках в машину «Скорой помощи» и повезли в больницу.

— Пусть кто-нибудь съездит к ней домой и привезет туалетные принадлежности, две ночные сорочки, полотенца, халат и тапочки, — попросил врач.

Гмыря подошел к носилкам, держа в руках сумочку свидетельницы.

— Вы слышали, что сказал доктор?

Та слегка кивнула, на большее у нее не было сил.

— Вы хотите, чтобы кто-нибудь поехал к вам домой и привез все необходимое?

Снова едва заметный кивок.

— Ключи от квартиры в сумочке? Я могу их взять?

Получив безмолвное разрешение, Гмыря извлек из сумочки ключи и положил ее рядом со свидетельницей на носилки.

— Вот псих этот Дударев, — сказал он Сергею Зарубину, глядя вслед удаляющейся белой машине с красной полосой. — Надо же, старуху до полусмерти испугал. Совсем себя в руках не держит. Бери ключи и поезжай к ней домой, возьми там все, что нужно. А я пока Дударевым займусь, теперь он не отвертится.

* * *

Сергей повернул ключ в замке и осторожно открыл дверь. Он понимал, что в квартире никого нет, но все равно было отчего-то тревожно.

В квартире и в самом деле никого не было: Клавдия Никифоровна жила одна. Сергей сосредоточился, припоминая, что именно велел привезти врач. Туалетные принадлежности — это что? Зубная щет-

ка, мыло, паста. Что еще? Если бы речь шла о мужчине, он бы взял бритвенный прибор. А с женщинами... Кто их разберет.

Зарубин внимательно оглядывал бесчисленные баночки и флакончики, которыми была уставлена столешница вокруг умывальника в ванной. Что из этого ей нужно? И вообще, зачем женщинам столько всего? Неужели они мажутся всем этим одновременно? Смешные они! На всякий случай Сергей выбрал один крем с пометкой «ночной» и один «дневной» и положил в пакет вместе с зубной щеткой, пастой и мылом.

Покончив с туалетными принадлежностями, он вернулся в комнату и стал искать ночные рубашки и полотенца. А неплохо живет Клавдия Никифоровна, размышлял оперативник, оглядывая чистую, аккуратно прибранную квартиру. Не бедствует дама — видно, дети помогают. Конечно, во многом видна стариковская

пенсионная бедность, но есть и дорогие вещи, причем явно новые, купленные недавно. Вот эта ваза для цветов, например, стоит отнюдь не дешево, Сергей видел точно такую же в ГУМе, хотел подарить своей девушке на 8 Марта, но денег не хватило. А у тети Клавы хватило. Или ей тоже кто-нибудь подарил? Телевизор огромный, «Панасоник», такой на пенсию не купишь. А немецкий кухонный комбайн, совершенно очевидно, только что из магазина, коробка распечатана, но техника так и не вынута, стоит на кухне в уголке. Зарубин увлекся процессом изучения чужого имущества, он не рылся в вещах, а просто ходил и рассматривал то, что было на виду. Ему нравилось по вещам и обстановке составлять впечатление о человеке.

Вот чашки, старенькие совсем, в детстве Сережа пил чай точно из таких же. Белые с синим ободком, кое-где потрескавшиеся, некоторые даже со щербатыми

краями. И рядом с ними изящные красивые фарфоровые чашки, те самые, из которых они с Клавдией Никифоровной пили чай, когда Сергей был здесь недавно. Наверное, они парадные, их достают, когда приходят гости, а те, с синенькой полосочкой, повседневные, для хозяйки, когда она одна.

Белье, наверное, хранится в шкафу. Зарубин открыл дверцы и окинул взглядом содержимое. Нет, это не то, здесь на перекладине висят на плечиках платья, блузки, кофты, пальто и плащ. Ба, а это что? Его внимание привлек плотный коричневый чехол с застежкой-«молнией», в таких чехлах продают верхнюю одежду в дорогих магазинах. Он чуть-чуть сдвинул «молнию» и просунул палец в образовавшееся отверстие. Так и есть, мех. Шубу, значит, прикупила наша тетя Клава. Ну, дай ей бог здоровья, чтобы до зимы дожила и шубку новую поносила, порадовалась на старости лет.

Сергей улыбнулся собственным мыслям, закрыл дверцы и приступил к обследованию другой части шкафа. Здесь на полках ровными стопками лежали простыни, пододеяльники, наволочки, полотенца, нижнее белье. Что там нужно-то? Ах да, два полотенца и ночная сорочка. Нет, не так, две сорочки и одно полотенце. Или полотенец тоже нужно два? Сорочки он нашел быстро и отложил их на диван. А полотенце какое брать? Маленькое, для лица и рук, или побольше? А может быть, врач имел в виду большую банную простыню? Надо было сразу спросить, теперь вот гадай тут на кофейной гуще.

От размышлений его отвлек телефонный звонок. Сергей подумал немножко и снял трубку.

— А Клава где? — послышался требовательный женский голос.

— Клавдии Никифоровны нет, — вежливо ответил Зарубин.

— А вы кто такой?

— А я сосед.

— Что вы там делаете? Где Клава?

— Она в больнице, меня попросили привезти ей необходимые вещи. Вы не волнуйтесь, я не вор.

— Какой такой сосед? — подозрительно заверещал голос в трубке. — Клава говорила, ейный сосед помер недавно. Новый, что ли, заселился?

Зарубин понял, что нарвался на хорошо осведомленную приятельницу, с которой Клавдия Никифоровна общалась постоянно, все ей рассказывала, и провести ее на мякине не так-то просто. На легкий обман она не поддастся. Если не развеять ее подозрения, так она сейчас милицию сюда направит.

— Вообще-то я из милиции, — признался Зарубин. — Клавдия Никифоровна сегодня была у следователя, ей там стало плохо, и ее забрали в больницу, а меня послали за вещами.

— Как фамилия? — вопросила осведомленная дама таким тоном, словно была прокурором в шестнадцатом поколении.

— Чья? Моя?

— Следователя как фамилия?

— Гмыря.

— Правильно, — удовлетворенно констатировала невидимая собеседница. — Мне Клава так и сказала вчера, что ее следователь Гмыря на опознание вызывает. Какие вещи-то нужны?

— Туалетные принадлежности, полотенце, ночные рубашки, тапочки. Да, еще халат. Вы не знаете, какое полотенце нужно, маленькое, среднее или большое?

— Всякое, — авторитетно заявила женщина. — В нынешних больницах ничего нет, дефицит всего. Спасибо еще простыней не требуют. Возьми одно маленькое, для рук, и одно большое, если в душе помыться.

— А среднее?

— Среднее не надо, там и так дадут.

И вот еще что, насчет халата я хотела тебе сказать. Там у Клавы на крючке за дверью халатик висит, так ты его не бери, он старый уже, рваный. Она недавно себе новый купила, вот его отвези, чтобы стыдно не было, а то скажут, что она нищенка какая-то.

— Хорошо, обязательно, — благодарно отозвался Зарубин. — А новый где лежит, не знаете?

— Как это я не знаю! Я все про Клаву знаю, — гордо сообщила приятельница. — Новое она в диван складывает.

— В диван? — удивился оперативник.

— Ну да. Ты его подними, там ящик для белья. Вот в нем все новые вещи и лежат. Найди халатик, он розовенький такой, красивый, прямо королевский. Не поленись, сделай, как я говорю, а я Клаву проведать приеду — проверю. Если что не так — жалобу на тебя накатаю. Куда ее отвезли-то?

Сергей продиктовал адрес и попрощался. Хорошо, что эта дамочка так во-

время позвонила, ему и в голову не пришло бы искать одежду в диване. Нашел бы он на крючке за дверью этот старенький рваный халатик и привез бы в больницу. Действительно, опозорил бы Клавдию Никифоровну.

Он легко поднял диванное сиденье, встал на колени и стал осторожно перебирать содержимое ящика. Звонившая не обманула, здесь были только новые вещи, даже не распакованные. Вот что-то упоительно-розовое — похоже, это и есть искомый халатик. Сергей потянул за уголок пакета, лежащего на самом дне ящика, но сохранить порядок ему не удалось, вместе с этим пакетом на пол вывалились и другие. Отложив халатик в сторону, Сергей начал укладывать вещи обратно. И вдруг увидел выскользнувшую откуда-то фотографию. Он сначала даже не понял, что это, и машинально сунул обратно в диванный ящик. Потом вытащил снова и поднес к глазам.

«Меня глючит, — подумал он. — Как это могло сюда попасть?» Сергей на секунду зажмурился, открыл глаза и снова посмотрел на снимок. Привлекательный мужчина лет сорока пяти, темные волосы, густые сросшиеся на переносице брови. С фотографии на него смотрел Георгий Николаевич Дударев собственной персоной.

Глава 10

Зарубин сел за стол, положил перед собой фотографию и уставился на нее, подперев щеки ладонями. Вот влип! Ну и что теперь с этим делать? Взять и отвезти следователю? Во-первых, ни один суд не признает это доказательством чего бы то ни было, поскольку неизвестно, где и при каких обстоятельствах фотография обнаружена. Ни тебе понятых, ни хотя бы просто свидетелей, которые могли бы подтвердить, что фотографию Зарубин действительно нашел именно здесь, а не

подбросил несчастной больной старушке. Говоря служебным языком, она изъята непроцессуальным путем и ни малейшего веса в уголовном деле иметь не может. Попросить Гмырю приехать сюда с обыском? Не приедет. И вовсе не потому, что не поверит Сергею, а потому что для обыска нужна санкция прокурора, а с чем он придет к прокурору? Какие такие веские причины существуют, чтобы перевести больную старуху из ранга свидетелей в ранг подозреваемых неизвестно в чем? Нет этих причин. Они появятся только после того, как официальным путем будет обнаружена фотография. Конечно, любой следователь может провести обыск и без санкции, но только в неотложных случаях, а здесь такового явно не наблюдается. Неотложный случай — это, например, когда преступник скрывается с места происшествия и забегает в квартиру, и преследующие его сотрудники милиции своими

глазами видят, куда он зашел. Вот тогда можно и без прокурора.

Есть и третий вариант, придется прибегнуть именно к нему, другого выхода все равно нет.

Сергей придвинул к себе телефон и набрал номер Гмыри.

— Борис Витальевич, допросите меня в качестве свидетеля, — сказал он убитым голосом.

— Так, начинается, — недовольно протянул Гмыря. — Что еще?

— Я на квартире у Клавдии Никифоровны. Нашел тут кое-что любопытное.

— Специально искал, пацан зеленый? — подозрительно осведомился следователь. — Знал, что есть, но мне не сказал?

— Ей-крест, ни сном ни духом, — побожился Сергей. — Случайно нашел. Халатик искал для нашей больной, а там среди вещей фотография Дударева лежит.

— Что?!

— Фотография Дударева.

— Понятно. А все остальное видел?

— Наблюдаю, — улыбнулся Сергей с облегчением, поняв, что следователь с ходу уловил его мысль. — Новые дорогие вещи в ассортименте.

— Ясно. Купили, значит, нашу бабульку, божьего одуванчика. Приезжай, допрошу тебя по всей форме.

— А фотография?

— Оставь где взял.

— А вдруг она куда-нибудь денется?

— Тогда привлеку тебя за дачу ложных показаний. Клади фотку на место и двигай к следователю на допрос, — приказал Гмыря.

* * *

«Я, Зарубин Сергей Кузьмич, ...года рождения, проживаю по адресу: Москва, ... оперуполномоченный уголовного розыска отделения... УВД Центрального округа г. Москвы, ... июня 1998 года в 11 часов утра присутствовал при опознании, проводимом в помещении... следователем

Гмырей Б. В. В ходе опознания свидетель Романова К. Н. опознала гражданина Дударева Г. Н. как человека, которого видела неоднократно приходящим к ее соседу Вяткину К. А. При проведении опознания свидетелю Романовой К. Н. стало плохо с сердцем, была вызвана бригада «Скорой помощи». Врач «Скорой помощи» Толбоев Г. Б. сказал, что Романова К. Н. нуждается в неотложной госпитализации, и попросил, чтобы ей в больницу привезли туалетные принадлежности и смену белья. Поскольку Романова К. Н. проживает одна и у следователя Гмыри Б. В. не было в тот момент данных о проживающих в Москве близких родственниках Романовой, Гмыря Б. В. поручил мне съездить к ней на квартиру и привезти все необходимое. Согласие Романовой К. Н., находившейся в сознании, было получено, и с ее разрешения и в ее присутствии, а также в присутствии врача Толбоева Г. Б., фельдшера Иваненко О. В. и води-

теля «Скорой помощи» Михайлова И. И. следователь Гмыря Б. В. достал из сумки, принадлежащей Романовой К. Н., ключи от ее квартиры, расположенной по адресу: Москва, ул. ... Ключи Гмыря Б. В. передал мне.

Прибыв в квартиру Романовой К. Н., я стал собирать вещи, которые назвал мне Толбоев Г. Б. В этот момент в квартиру позвонила неустановленная женщина, которая назвалась приятельницей Романовой К. Н. Узнав, что Романова К. Н. находится в больнице и я собираю для нее вещи и туалетные принадлежности, женщина посоветовала мне не брать в больницу старое белье, а привезти новое, и указала, где оно лежит. С ее слов я узнал, что нужные вещи находятся в бельевом ящике под диваном. Подняв диван, я обнаружил среди вещей Романовой К. Н. фотоснимок, на котором изображен Дударев Г. Н.

При этом поясняю, что, находясь в квартире Романовой К. Н., я не выполнял

свои служебные обязанности, а оказывал внезапно заболевшей женщине гражданскую помощь.

Написано собственноручно.

Зарубин С. К.».

— Гладко пишешь, — хмыкнул Гмыря, прочитав творчество Сергея. — Тебе не в розыске работать, а в журналистике.

— Не, в журналистике я не потяну, — отозвался Зарубин. — У меня слог казенный. Нас только протоколы писать учили.

— Зато как научили! Иди в следователи, тут тебе самое место. Ладно, давай теперь на словах рассказывай про бабкино благосостояние.

— Знаете, Борис Витальевич, оно какое-то странное, благосостояние это, — начал задумчиво Сергей. — Оно явно недавнее, но и не трехдневное. Я хочу сказать, что если бы бабу Клаву прикупили только для ложного опознания, то это случилось бы максимум дней пять назад, за

пять дней она просто физически не смогла бы понакупить такую прорву новых вещей. Телевизор, шубу, кучу женских тряпочек, которые она складывает в диван. На кухне, например, стоит жутко навороченный комбайн, он даже еще из коробки не вынут — тут все понятно, на днях из магазина. А на телевизоре сзади пыль как минимум трехмесячная, за пять дней столько не осядет. Конечно, можно было бы порыться в бабкиных бумажках, наверняка она где-то держит паспорт или гарантийный талон на телевизор, может быть, чек на шубейку, но я не рискнул. Это уж вы сами, если обыскивать надумаете. Поэтому выводов только два: или бабку родственники подкармливают, или кто-то еще за невесть какие услуги. И не вчера это началось.

— Не вчера, — протянул Гмыря, глядя в окно, — не вчера. А когда? Вот что, друг милый, бери ноги в руки, звони Селуянову и обкопайте мне эту бабушку со всех

сторон. Всю землю перелопатьте, но урожай соберите. Я хочу как можно быстрее знать о ней все, что в принципе можно о ней узнать. Дударева я запер, но мне это уже перестает нравиться. Кто-то хочет его подставить и делает это умело, гибко и оперативно. Единственное, что говорит против Дударева, это то, что убитой оказалась все-таки его жена, хотя в машину она села якобы случайно. Эту случайность мог предвидеть и подстроить только сам Дударев. Так что подозрений с него я пока не снимаю, но бабка с фотографией мне тоже малосимпатична. Какая-то хитрость тут спряталась.

— А что, если фотографию бабке подсунули, чтобы поставить под сомнение результаты опознания? — внезапно предположил Сергей. — Я сразу-то не подумал, но ведь могло быть и так.

— Могло. Но больно сомнительно.

— Почему сомнительно?

— Ну а где гарантия, что мы эту фото-

графию найдем? Романовой стало плохо — этого предвидеть не мог никто. Ты поехал к ней за вещами — это было мое решение, мое личное. И твое, кстати, тоже. Ты ведь мог не согласиться, ты не обязан это делать, и мы, как положено в таких случаях, обращаемся к работникам дэза, передаем им ключи и обязываем оказать помощь жильцу. Но мы так не сделали, и это тоже невозможно было спрогнозировать. И потом, фотография лежала не на видном месте, и нет никаких гарантий, что ее вообще нашли бы. Нет, Сережа, с подбрасыванием улики у тебя не выходит.

— Нет, выходит, — заупрямился Зарубин. — Я сегодня нашел фотографию случайно, на это вообще не было рассчитано. Но ее подбросили, чтобы мы ее нашли, только при других обстоятельствах. Вот смотрите. Романова выступает свидетелем и опознает Дударева. Опознает правильно, она его действительно видела возле квартиры Кости Вяткина. А потом нам подбрасывают информацию о том,

что баба Клава замешана в чем-то некрасивом или даже преступном, и дают нам такие основания, что вам, Борис Витальевич, ничего не остается, кроме как провести у нее обыск. А вот и фотография — тут как здесь. И вина Дударева мгновенно ставится под сомнение. Красиво?

— Ничего, — согласился Гмыря, — симпатично. Нет, Серега, не годишься ты в следователи, тебе кино надо снимать детективное. Фантазия у тебя — высший класс. Значит, так, работайте бабульку, выясняйте все, что можно, в частности, проверяй и свое дикое предположение. У кого были ключи от квартиры, кто мог подбросить фотографию, кто вхож в дом и пользуется доверием настолько, что хозяйка оставляет его одного в комнате. Сколько времени нужно, чтобы поднять диван и засунуть фотографию среди вещей?

Сергей задумался, мысленно повторяя собственные движения, которые проделывал сегодня.

— Ну... если на диване ничего нет такого, что нужно предварительно снимать, то секунд восемь-десять. Но он скрипит, Борис Витальевич. Его слышно на всю квартиру, он старенький уже.

— А Романова у нас не глуховата?

— Вроде нет. Слышит хорошо.

— Значит, либо кто-то с ключами, либо кто-то очень доверенный, кто остается в квартире один. Ищи, юноша, дерзай. Версия у тебя мудреная, но красивая. Мне нравится. А знаешь почему?

— Почему? Я вообще-то догадываюсь, но вы лучше сами скажите.

— Не потому, что нежно тебя люблю. А потому, что очень не люблю господина Дударева. Ну не нравится он мне! Ну подозреваю я его, и с каждым днем мои подозрения все крепче и мощнее. Понимаешь?

— Понимаю, — усмехнулся Зарубин. — Очень вас понимаю, Борис Витальевич. Он мне самому не нравится. Может, я как

раз от этой нелюбви к нему и придумал свою версию.

— Вот и умница, — умиротворенно вздохнул Гмыря. — Иди работай. Мы с тобой в первый раз вместе работаем, но чует мое сердце, не в последний. Будь молодцом.

— Буду.

* * *

Адрес Центра защиты от стресса был указан на визитной карточке, которую Артем Кипиани отдал Насте, но найти саму организацию оказалось непросто. Насте пришлось обойти вдоль и поперек целый квартал, пока она наконец не нашла нужную дверь. Сразу за дверью простирался длинный коридор, залитый светом из комнат. Двери здесь, по-видимому, не запирали. Настя заглянула в первую же комнату. Там сидела приятного вида женщина в очках и что-то писала в толстой тетради.

— Простите, это Центр защиты от стресса? — негромко спросила Настя.

Женщина выглядела такой увлеченной своим делом, что страшно было напугать ее неожиданными звуками.

Женщина тут же подняла голову и приветливо посмотрела на Настю.

— Да. Я вас слушаю.

— Я ищу Вадима.

— Вадима? — переспросила женщина.

— К сожалению, я не знаю его фамилии, он молодой, худощавый, в очках с сильными стеклами.

— Это Вадим Сокольников. Пройдите по коридору до конца, комната справа. Он там занимается с малышами.

— Неужели у малышей тоже бывают стрессы? — с интересом спросила Настя.

— Еще какие. И чаще, чем у взрослых. Они же маленькие совсем, — женщина улыбнулась, — они пока еще не умеют справляться с тем, что нам, взрослым, кажется сущей ерундой и с чем мы справляемся легко и по десять раз в день. Я вам только один пример приведу: детишки, которых лет в девять-десять привозят в

Москву из сельской местности или маленьких городов, где нет многоэтажных домов. А они боятся ездить в лифте. И боятся переходить дорогу. Для них каждый перекресток и каждая поездка в лифте — это такой стресс! Они и признаться стесняются, и помощи попросить стесняются, и боятся почти до обморока, и очень быстро это все накапливается и выливается в разные болячки. Заикание, хронические недомогания, отставание в школе.

Настя прошла в направлении, указанном женщиной, и обнаружила Вадима в компании десятерых детишек лет семи-восьми. Дверь этой комнаты, как и всех других, тоже была открытой, и Настя остановилась на пороге, с любопытством прислушиваясь к происходящему. Ребятишки сидели на стульях, а один из них стоял рядом с худощавым молодым человеком в очках с толстыми стеклами и что-то громко рассказывал.

— Итак, Алешенька, расскажи нам, что ты вчера делал.

— У-уроки, — коротко, но с миной обстоятельности ответствовал крошечный человечек.

— У тебя все получалось?

— Н-нет, я н-не м-м-мог выуч-чить стих-х-хотв-ворение.

— И как ты поступил?

— Я пок-качался нем-м-множко.

— Ну-ка покажи нам, как ты это сделал.

Рыжий Алеша вытянул руки, которые почти сразу же стали плавно двигаться вперед и назад. Сделав несколько движений, он опустил руки и начал покачиваться из стороны в сторону. Лицо его при этом приобрело выражение глубокой задумчивости и отрешенности.

— А теперь, Алешенька, расскажи нам с самого начала, что вчера произошло, — ласково попросил Вадим.

— Я делал уроки. Не мог выучить стихотворение. Нам задали стихотворение выучить, а я никак не мог запомнить... Вот... Ну я покачался немножко и потом бы-

стро его выучил. Оно как будто само запомнилось.

Настя решила, что у нее галлюцинации. Мальчик говорил совершенно гладко, заикание исчезло бесследно. Но она не бредила.

— Ну-ка, ребята, скажите, Алеша заикается? — тут же отреагировал Вадим.

— Не-е-ет, — дружно протянули дети.

— А раньше заикался?

— Да-а-а!

«С ума сойти! — подумала Настя. — Ведь сколько раз мне объясняли, что заикание является следствием внутреннего напряжения. Именно поэтому оно пропадает, когда человек с удовольствием поет. Удовольствие — враг напряжения. Мальчику помогли сбросить напряжение — и он совершенно нормально разговаривает. Никогда бы не поверила, если бы не увидела своими глазами».

Вадим заметил Настю и подошел.

— Вы ко мне?

— Да. Я подожду, пока вы освободитесь. У меня долгий разговор.

— Вы хотите привести в группу своего ребенка?

— Нет-нет, я совсем по другому вопросу.

— Тогда вам придется подождать минут сорок, пока я закончу занятие.

— Конечно, — кивнула Настя, — я на улице подожду.

Она пошла по коридору к выходу, бросая быстрые взгляды во все открытые двери. В одной комнате занимались со взрослыми спортсменами, в другой находились мужчины в военной форме, в третьей тоже были взрослые, но они что-то записывали в блокнотах, и Настя поняла, что здесь, по всей вероятности, занималась не проблемная группа, а специалисты-психологи, которых обучали работе с группой. В последней комнате стояли два письменных стола с компьютерами, за которыми работали две молодые девушки.

После прохладного, чуть сыроватого помещения улица охватила Настю плотным ватным покрывалом влажной духоты. Она нашла раскидистое дерево и встала в тени, прислонившись к мощному стволу. Вот так, наверное, стоял в тот день Артем. Было так же жарко, он ждал Дениса, который зашел к однокласснику за учебником. Стоял, прислонившись спиной к дереву, и крутил в пальцах шарик. А в десятке метров от него сидел Костя Вяткин с плейером на поясе и наушниками на голове, слушал Мендельсона и ждал жертву. Костя не мог отлучиться со своего поста, это очевидно, поэтому он попросил Артема сходить к палатке и купить ему воды. Какая мирная картина... Насте казалось, она видит ее воочию. Вот Артем возле дерева. Вот Вяткин, сидящий на скамейке. Вдалеке стоит палатка, торгующая сигаретами, напитками и расфасованными продуктами. А вот здесь — «Шкода-Фелиция» цвета «баклажан». Вот Елена Дударева выходит из подъезда.

Подходит к машине и открывает дверь со стороны водителя. Ей нужно взять находящиеся в «бардачке» документы из строительной фирмы, со стороны пассажирского места это сделать удобнее, но она открывает левую переднюю дверь, а не правую, потому что в правой двери неисправный замок, он не открывается снаружи ключом, и Елена об этом прекрасно знает, ведь это машина ее мужа, и она часто в ней ездит. Елена открывает дверь и садится на сиденье, чтобы дотянуться до «бардачка». Возможно, она даже прикрывает дверь, чтобы ее не задели проезжающие мимо машины. И в этот момент раздается взрыв.

— Вот и я, — послышался голос совсем рядом. — Я вас слушаю.

Она очнулась и удивилась тому, как глубоко ушла в свои мысли. Неужели прошло уже сорок минут? А казалось, не больше десяти.

— Вас зовут Вадим? — на всякий случай уточнила Настя.

— Да.

— Меня — Анастасия Павловна. Скажите, Вадим, дети и подростки могут страдать от ревности?

— Понятно, — усмехнулся Вадим. — Вы во второй раз выходите замуж, а ваш ребенок стал неуправляемым, и вы не знаете, что с ним делать. Я угадал?

— Нет, — она улыбнулась. — У меня нет детей, и я нахожусь в первом браке, который, надеюсь, так и останется единственным. Вадим, вы помните юношу, которого остановили на улице примерно неделю тому назад? Такой рослый, плечистый. Зовут Денисом.

— Конечно, помню. У меня вообще-то нет привычки заговаривать с людьми на улице, но он так плакал и выглядел таким несчастным... Мне стало его искренне жаль, и я подумал, что, может быть, могу чем-то ему помочь.

— Денис плакал? — удивилась Настя.

— Еще как. Но когда мы расстались, он уже улыбался.

— Он не сказал вам, почему плакал?

— Нет. Но я и не спрашивал. Это было бы глупо и бестактно. Он уже достаточно взрослый, чтобы не бросаться на шею первому встречному с рассказами о своих бедах. Почему вы спрашиваете о нем? Что-то не в порядке?

— Понимаете, Вадим... Денис ранен, его прооперировали, сейчас он находится в больнице. Врачи считают, что он должен быстро поправляться, а он все не поправляется. И есть основания считать, что у него глубокий стресс, из-за которого он утратил интерес к жизни. Вы могли бы ему помочь?

— Ранен... — растерянно повторил Вадим. — А кто его?.. Дружки?

— Нет, что вы. У него всего один друг, очень хороший юноша. Дениса ранил преступник. Но дело в том, что Денис сам подставился, он совершил глупый поступок, потому что хотел хорошо выглядеть в глазах друга и вернуть таким образом его внимание и уважение. Понимаете, ему

показалось, что его друг от него отдаляется и начинает интересоваться другими людьми, а для Дениса очень важно быть единственным. В общем, классическая ревность. С этим можно что-нибудь сделать?

— В таком виде, как вы мне рассказали, — трудно. Наши методы рассчитаны на то, что человек учится справляться с проблемой, которую он сам осознает. Он понимает, что заикается, и хочет научиться говорить плавно. Он понимает, что не усваивает школьную программу или не справляется с учебой в институте или с работой. Он видит, что быстро устает, глаза болят, внимание рассеивается, а ему еще многое нужно сделать. Он знает, что у него дефицит времени, а нужно быстро чему-то научиться или войти в определенную физическую форму. Он знает, что перед ответственными мероприятиями на него нападет «медвежья болезнь», и боится выйти из дома. Но в любом случае человек точно знает, что ему нужно и чего

ему не хватает. Сил, усидчивости, внимания, спокойствия и так далее. Если он это знает, наши методы ему помогают в ста процентах случаев. Если он этого не знает, то ему нужен сначала психолог, который выявит проблему и сделает так, чтобы человек ее понял. И только потом проблему можно снимать методами саморегуляции.

— Но ведь проблема известна. Это ревность. Так что психолог, наверное, не нужен, — сказала Настя.

— Это вам проблема известна, — возразил Вадим. — А Денису? Он сам-то понимает, что ревнует? Ведь если все так, как вы говорите, то дело может быть не в утрате интереса к жизни, а в желании подольше оставаться больным и тем самым приковывать к себе внимание друга. Этот друг навещает Дениса в больнице?

— Не то слово. Он там днюет и ночует.

— Вот видите. Пока Денис болен, друг всецело принадлежит ему. Как только он поправится, все вернется на круги своя, и друг снова начнет интересоваться други-

ми людьми. Это очень тонкая психологическая хитрость, которая распространена гораздо больше, чем вы даже можете себе представить. Сотни тысяч людей постоянно чем-нибудь болеют, оставаясь по сути абсолютно здоровыми, разумеется, с учетом их возраста. Они даже не осознают, что хотят таким образом обратить на себя внимание близких или уйти от решения каких-то проблем, потому что с больного какой спрос? Если вы их спросите об этом прямо, они даже не поймут, о чем вы говорите, они искренне убеждены в том, что ужасно больны всем, чем только можно болеть. Они просто не умеют смотреть в глубь себя и понимать свои истинные побуждения. Зато если вы их спросите о близких или о жизни вообще, они обязательно вам скажут, что проблем — море, но из-за болезни они не могут их решить, а близкие к ним не особенно тепло относятся.

— Я поняла, — удрученно сказала Настя. — Значит, вы помочь ничем не можете?

— Боюсь, что на данном этапе — нет.

— А если я предложу вам другой аспект вашего участия в судьбе Дениса? Если вы скажете ему, что можете обучить его методам саморегуляции и он покажет всему миру чудеса послеоперационного восстановления? Я думаю, он расценит это как способ выделиться и привлечь внимание друга.

— Это возможно, — согласился Вадим. — Это очень неплохая идея. Тем более что наши методы вполне позволяют это сделать, но не пользуются спросом у населения. Послеоперационных больных к нам не приводят, вероятно, наше официальное название сбивает с толку. Все думают, что в центре защиты от стресса работают только со стрессами. Но если мы назовем себя центром обучения саморегуляции, к нам вообще никто не придет. Непонятно и не вызывает доверия, верно?

— Верно. Так вы будете заниматься с Денисом?

— Я попробую. Успеха не обещаю, но надо пробовать.

Настя записала на листочке адрес больницы и номер отделения и палаты, где лежит Денис Баженов. Вадим обещал навестить его сегодня же вечером.

После этого Настя отправилась в другую больницу, на этот раз к Клавдии Никифоровне. «До чего забавной бывает работа сыщика, — думала она, сидя в полупустом троллейбусе и рассматривая мелькающие за окном дома и вывески. — Ни тебе засад, ни ночных бдений в ожидании кого-то, ни сложных поисков, ни стрельбы. Зато поездки из больницы в больницу, причем к совершенно незнакомым людям. Без всякого риска для жизни и даже без видимого напряжения. Это тоже называется борьбой за информацию. Ну и еще немножко — оперативной смекалкой».

Клавдия Никифоровна в отличие от юного и полного сил Дениса обладала, по-видимому, огромной волей к выздо-

ровлению. Во всяком случае, уже к вечеру того дня, когда ее увезла «Скорая», пожилая женщина выглядела бодрой и пребывала в прекрасном настроении.

— Меня голыми руками не возьмешь, — доверительно сообщила она Насте. — Для меня такой приступ — максимум дня на три-четыре, и то если врачи опасливые попадутся. А некоторые так и на другой день отпускают. Вы мне вещи привезли?

— Привезла. Но, к сожалению, к вам домой ездила не я.

— А кто же?

— Сергей Зарубин. Вы должны его помнить, он с вами беседовал.

— Сереженька? Помню, как же, хороший парень. Дай бог ему здоровья и невесту хорошую. А почему вы сказали «к сожалению»? — обеспокоенно спросила Романова. — Он там что-нибудь разбил или сломал?

— Нет, что вы, не беспокойтесь, — рассмеялась Настя. — У вас дома все цело.

Но он взял для вас явно не те кремы. Сейчас лето, жара, нужны сильно увлажняющие легкие кремы, которые не забивают поры, а он взял жирные. Мужчина, что вы хотите! Они никогда в этом не разбирались. И потом, я никогда не поверю, чтобы у такой холеной дамы, как вы, на полочке не стояли омолаживающие гели и кремы против морщин. Я бы на его месте именно их и привезла. Но Сережа еще такой молодой...

Настя давила на Романову, нагло глядя ей в глаза своими светлыми ясными глазами и нежно улыбаясь заговорщической улыбкой, словно говорила: «Мы с вами такие искушенные женщины, уж мы-то с вами знаем, как правильно ухаживать за лицом, а тем, кто этого не знает, должно быть просто стыдно». Настя лепила текст наугад, она вовсе не была уверена насчет легких или жирных кремов, но рассчитывала на то, что уверенность тона сделает свое дело. И оказалась права.

— Ой, что же теперь делать? — рас-

строилась Клавдия Никифоровна, как будто речь шла о чем-то жизненно важном. — И правда, кремы-то не те он набрал. Как же я теперь?

Настя молчала, изображая на лице сочувствие и согласно качая головой, словно разделяя огорчение собеседницы по поводу косметической катастрофы.

— А вы далеко живете? — спросила Романова, словно решившись на что-то.

— Нет, здесь рядом. Поэтому Сережа и попросил меня привезти вам вещи.

— А ключи от квартиры у него остались?

— Вот они, я их привезла вам.

— Деточка, а вы не съездите ко мне домой? — вдруг жалобно попросила Клавдия Никифоровна. — У меня в ванной хороший крем стоит, французский, против морщин. Им нужно обязательно каждый день мазаться, иначе пользы не будет. Съездите, голубушка, уж я так буду вам благодарна.

Романова попалась, Настя даже не

ожидала, что это будет так просто. Достаточно было только дать ей понять, что молодое поколение считает ее своей, как ей тут же захотелось соответствовать.

Настя демонстративно посмотрела на часы и задумчиво покачала головой.

— Не знаю даже... Где вы живете?

Романова назвала адрес. Настя еще немного помолчала, делая вид, что что-то прикидывает, потом вздохнула.

— Ладно, я съезжу. Только сегодня я вам эти кремы уже не занесу, не успею. Завтра утром, хорошо? Я думаю, если вы пропустите всего один вечер, ничего страшного не случится.

— Ой, спасибо вам, голубушка, вот уж спасибо! — запричитала Романова. — Вот выручили!

Выйдя из больницы, Настя сразу же отыскала телефон-автомат и сбросила Зарубину на пейджер сообщение: «Через полчаса буду у Романовой. Если можешь, приезжай».

* * *

В квартиру они вошли вместе. Тихонько открыли дверь и так же тихонько прикрыли ее за собой. Мало ли любопытных соседей, разговоры пойдут, что к Романовой чужие люди зачастили, да еще по двое. Ни к чему это. Сергей сразу прошел в комнату, а Настя осталась в прихожей.

— Я сейчас подниму диван, а ты мне скажи, слышно в прихожей или нет, — предупредил Зарубин.

— Давай.

Через несколько секунд раздался душераздирающий скрип.

— Слышно, — констатировала Настя. — И даже очень.

— А теперь иди на кухню, послушай оттуда.

Из кухни тоже было слышно, причем вполне отчетливо. Панельный дом, о чем тут говорить! Стены тонкие и звукопроницаемые.

— Ладно, теперь из санузла послушай, — попросил оперативник.

Из санузла было слышно чуть хуже, если закрыть дверь, но все равно звук доносился. Правда, если в туалете спускали воду, а в комнате в это время работал телевизор, то вполне можно было залезть в диван без ведома хозяйки.

— Учтем, — удовлетворенно кивнул Зарубин. — Если мы найдем того, кто это сделал, то при допросе его можно будет убить наповал знанием тонких деталей. Как ты считаешь? Сказать ему: «В комнате работал телевизор... Вы дождались, пока Клавдия Никифоровна выйдет в туалет, и в тот момент, когда она спускала воду...» У него обморок будет, вот увидишь.

— Или у нее, — рассеянно заметила Настя.

— Почему «у нее»?

— А почему «у него»? Кто сказал, что это непременно мужчина?

— И то верно. Смотри, вот фотография, среди новых вещей спрятана.

Настя покрутила снимок в руках. Не-

сомненно, это Дударев. Он сфотографирован в профиль, даже в три четверти, и шрам на щеке под ухом отчетливо виден. Ей стало неспокойно. Сначала она даже не поняла отчего. Положила фотографию на стол и медленно прошлась по квартире. Где-то здесь беспокойство охватило ее впервые, но она не обратила внимания, а теперь, вглядевшись в фотографию, почувствовала его необычайно остро. Где-то здесь...

Настя вышла в прихожую. Вот оно! Именно здесь. Конечно.

— Сережа, иди сюда, — позвала она.

Зарубин подошел и недоуменно огляделся.

— Что ты здесь нашла? Я ничего не вижу.

— А ты в «глазок» посмотри.

Сергей прильнул к «глазку».

— И что я должен увидеть?

— Ничего. Ты смотри, смотри как следует.

— Настя, я не понимаю, чего ты хочешь. Ну смотрю я в «глазок», и дальше что?

— Что ты там видишь?

— Дверь вижу.

— Какую дверь?

— Соседней квартиры, в которой Вяткин жил.

— Правильно. А теперь смотри на фотографию Дударева.

Сергей вернулся в комнату и через некоторое время подошел к входной двери со снимком в руках.

— Смотрю. Но я все равно не понимаю.

— Шрам, Сережа. У него шрам слева. А через «глазок» можно увидеть только правый профиль человека, который звонит в квартиру к Вяткину. Если наша бабуля утверждает, что видела этого человека три раза, и все три раза через «глазок» в тот момент, когда он звонил или входил в квартиру номер шестьдесят восемь, то она могла видеть только его правую щеку. Но никак не левую.

— А может быть, она видела его, когда он выходил? — предположил Сергей.

— Будем думать. Когда человек выхо-

дит из лифта, в квартире слышен звук открывающихся дверей. Любопытная баба Клава пулей летит к двери и прилипает к «глазку». Человек в это время останавливается перед нужной квартирой, нажимает кнопку звонка и стоит неподвижно, ожидая, пока ему откроют. В этой ситуации можно, если обладать хорошим зрением, разглядеть детали лица. «Глазок» у бабули вполне высококачественный. Согласен?

— Согласен.

— Пошли дальше. Хлопает дверь соседней квартиры, бабуля опять же несется на всех парах смотреть, кто это от нашего Костеньки вышел. Но бабуля все же не метеор, секунды три-четыре она уже потеряла при самом удачном раскладе. За это время происходит следующее. Либо человек решает спускаться вниз по лестнице, тогда за три-четыре секунды он уже доберется до ступенек, и Романова его просто не увидит в «глазок». Либо, как второй вариант, он хочет спуститься на

лифте. Тогда он вызывает его и стоит. Повернувшись к «глазку» бабы Клавы опять же правой щекой, потому что лифт расположен по той же стенке, что и дверь квартиры Вяткина. Еще есть варианты? Предлагай, будем рассматривать.

— Почему ты решила, что он обязательно стоит лицом к лифту? — возразил Зарубин. — Может, он к нему спиной стоял. Тогда получается как раз левой щекой в сторону Романовой.

— Сережа, ты часто видел людей, которые вызывают лифт и поворачиваются к нему спиной?

— А черт его знает, я внимания не обращал, — признался Сергей. — Но если можно стоять лицом к двери лифта, то по теории вероятностей можно и спиной.

— Так это по теории вероятностей. А по людской психологии так не выходит. Феномен такой, понимаешь? Его пока никто толком не объяснил, но только в одном случае из тысячи человек поворачивается к лифту спиной. Это очень

редко случается. Но поскольку редко — это все-таки редко, а не никогда, то будем считать, что шанс оправдать бабу Клаву у нас пока есть. Может быть, у нее действительно была возможность видеть Дударева слева. Давай теперь тихонечко в бумажках пороемся — и бегом отсюда. Да, кремы мне не забыть бы, нужно же оправдывать факт своего пребывания в чужой хате.

Через полчаса Настя и Зарубин покинули жилище загадочной пенсионерки Клавдии Никифоровны Романовой. Они спускались вниз пешком, чтобы в ожидании лифта не нарваться на лестничной клетке на соседей. Они не дошли еще до первого этажа, когда запищал висящий на брючном ремне Сергея пейджер.

— Гмыря требует, — недовольно проворчал Сергей. — Время десять вечера, а ему все неймется.

— Позвони. Заодно про бабу Клаву доложишь.

— Как ты думаешь, — Сергей неуверенно помялся, — ничего, если я подни-

мусь к Романовой и позвоню оттуда? Глупо же искать автомат, если нормальный телефон под рукой.

— Поднимись, — согласилась Настя. — Ничего плохого в этом нет. Мы же не воры какие-нибудь. Беги, я тебя на улице подожду.

Она спустилась вниз и с наслаждением закурила. Курить хотелось давно, но в квартире Романовой она не рискнула это делать.

Вечер не принес желанной прохлады, даже слабого ветерка не было, воздух, казалось, остановился навсегда и уже больше не будет передвигаться в пространстве. И даже не остынет. «В такой духоте даже комары утихают, — подумала Настя. — Просто удивительно, разгар лета, а меня еще ни разу никто не укусил. У них, бедняжек, тоже, наверное, сил нет летать и кровопийствовать. Впрочем, почему «тоже»? Люди-то как раз, как ни странно, находят в себе силы убивать. Ничем не

остановишь этого зверя под названием «человек», даже изнуряющей жарой его от убийства не отвратишь. Как сказала сегодня бабуля Романова, нас голыми руками не возьмешь. Вот уж точно».

Хлопнула дверь подъезда, появился Зарубин. Лицо его было серьезным и озабоченным.

— Ну как, доложил? — спросила Настя. — Гмыря нами доволен? Или расстроился, что бабка нас обманула и Дударев к Вяткину не приходил?

— Расстроился. Только по другому поводу.

— Что еще? — насторожилась Настя.

— Труп у нас, Настасья. Может, он, конечно, и не у нас, но очень похоже, что это наш.

— Кто? — спросила она внезапно севшим голосом.

Ей отчего-то стало неуютно и страшно.

— Храмов. Адвокат, которого нанял Дударев.

Глава 11

Таких людей, как Иван Федорович Булгаков, Коля Селуянов берег пуще зеницы ока. Иван Федорович сотрудничал с ним не из страха перед компрматериалами и не из-за жалких копеек, которые полагалось выплачивать «источнику» за регулярную поставку более или менее стоящей информации, а исключительно из любви к искусству. Причем к искусству в самом прямом и честном смысле этого слова. Дело в том, что Булгаков всю жизнь мечтал быть актером. Как водится, мечты не всегда совпадают с бренной реальностью, и в далеком пятьдесят седьмом его, закончившего рабфак и отслужившего в армии, в театральный институт не приняли. Отсеяли на первом же туре, сказав вежливо, что лучше абитуриенту Булгакову попробовать себя на каком-нибудь другом поприще. Не подошел он, стало быть. Таланту маловато оказалось.

Но приемная комиссия немножко

ошиблась, как это нередко случается. Талант у Ивана Булгакова, несомненно, был, и немалый. Просто к моменту поступления в театральный институт ему явно не хватало практики. Ну там самодеятельности какой-нибудь, на худой-то конец. Обиженный Иван отправился поступать в педагогический и был принят «на ура», ибо в педагогические вузы, как известно, идут одни девочки и каждый представитель мужского пола там на вес золота, а между тем общеобразовательные школы испытывали (и испытывают по сей день) острую нужду в учителях-мужчинах. Получив диплом учителя русского языка и литературы, Иван Федорович отправился в одну из московских школ воплощать в жизнь свои идеи, а заодно и мечты о театре. Уже через год молодой учитель создал школьный поэтический театр и на протяжении двадцати с лишним лет, вплоть до выхода на пенсию, был его бессменным руководителем и режиссером, а частенько выступал и как актер. Театр прославился

в районе, потом прогремел в городе, постоянно завоевывал призы и грамоты на фестивалях и смотрах. Принимать участие в работе театра считалось в школе престижным, а поскольку Иван Федорович ставил непременным условием хорошие оценки, полагая, что троечник не может тратить время на репетиции, ему заниматься надо, то успеваемость в школе была просто-таки замечательной.

Но школьники есть школьники, а даже в самой расчудесной школе не все ученики являются образцом родительской мечты. Среди них попадаются и двоечники, и хулиганы, и малолетние преступники. В конце шестидесятых случилось очередное ЧП, милиция задержала троих пацанов из девятого класса, которые успешно промышляли кражами сумок, начав с родной учительской и затем расширив поле деятельности до других присутственных мест, например, поликлиник и собесов. Вступив в контакт с милицией, Иван Федорович вдруг осознал всю меру

ответственности учителя за учеников и сказал себе, что отныне будет более внимательно следить за своими подопечными, высматривая в их поведении нарождающиеся признаки неблагополучия. Случай вскоре представился, и, когда на руке десятиклассника из малообеспеченной семьи появились «взрослые» часы, учитель Булгаков незамедлительно пришел в милицию, чтобы обсудить сей загадочный факт. В милиции энтузиазм Ивана Федоровича оценили по достоинству, поблагодарили и попросили продолжать в том же духе. С десятиклассником, слава богу, ничего плохого не случилось, выяснилось, что часы он купил по дешевке в какой-то подворотне, но поскольку часы оказались крадеными, то благодаря бдительности учителя были выявлены скупщики и даже несколько воришек.

Следующий этап наступил примерно через два года, когда оперативник из местного отделения милиции сам обратился к Булгакову за помощью. Нужно

было проверить информацию о недобросовестности школьной буфетчицы, которая нагло обсчитывала и обвешивала школьников, для чего необходимо проводить контрольную закупку. В контрольной закупке есть свои сложности и хитрости, например, специально подставленные «покупатели» должны брать несколько наименований товара, а не одни какие-нибудь сосиски, а после расчета с продавцом под благовидным предлогом не отходить от прилавка и не брать свои покупки. Сдачу желательно тоже в кошелек не прятать, пусть лежит там, куда ее продавец положил. Можно делать вид, что ищешь сумку, в которую будешь складывать купленные продукты. Можно отвлечься на беседу со знакомыми. Можно много чего всякого придумать, чтобы не сорвать контрольную закупку, но выглядеть при этом надо естественно, чтобы проверяемый продавец не насторожился. Иван Федорович с радостью согласился сыграть роль покупателя-копуши и проделал это с та-

ким блеском и виртуозностью, что у милиционеров дух захватило. Очень скоро к нему обратились снова и попросили использовать свое артистическое дарование уже в более серьезных целях. Булгакову предстояло познакомиться с молодой дамой из соседнего дома и кое-что у нее выведать. Он выведал.

Дальше покатилось как по маслу. Иван Федорович легко перевоплощался и втирался в доверие, слушал и запоминал, никогда ничего не забывал и не путал. Его актерские способности расцвели и приносили пользу, и он был счастлив.

С тем оперативником, который впервые прибег к его помощи, Булгаков сотрудничал больше пятнадцати лет, пока тот не вышел на пенсию. С согласия Ивана Федоровича его «передали» другому сыщику, потом третьему. Четвертым куратором оказался Селуянов, который сразу оценил его самого и его возможности. И холил и лелеял немолодого уже человека, сотрудничающего с сыщиками, как

принято выражаться в официальных документах, на конфиденциальной основе.

Задание в этот раз Иван Федорович получил, по его же собственным меркам, несложное. Нужно было поотираться среди публики, знакомой с Клавдией Никифоровной Романовой, и собрать о ней как можно больше сведений. Красивому седовласому пожилому мужчине, к тому же опытному педагогу и знатоку русской поэзии, ничего не стоило разговорить любого, будь то пенсионерка или молодая мамочка с коляской, солидный дядечка в годах или пацан. Он умел находить общий язык со всеми.

* * *

Анатолий Леонидович Храмов был убит в собственной квартире. Обнаружила его жена, вернувшаяся с дачи. Приехавший вместе с дежурной группой судебный медик установил, что смерть наступила около десяти-двенадцати часов назад, то есть в промежутке между один-

надцатью и тринадцатью часами. Причина смерти — асфиксия вследствие удавления тонким прочным шнуром.

— Ну что, умники, — сердито пробурчал Гмыря, когда к месту происшествия примчались Настя и Зарубин, — крутите мозгами-то, не все мне одному трудиться. Дударева сразу отметаем, он с десяти утра в моем кабинете находился, а потом в камере, куда я его запрятал.

— А почему сразу Дударев? — удивилась Настя. — Вы до такой степени его не любите, что готовы повесить на него всех дохлых кошек в нашем городе. Зачем ему убивать собственного адвоката?

— А затем, умная и гуманная Каменская, что адвокат Храмов отказался вести дело Дударева.

— Как это отказался?

— А вот так. Отказался. Сей факт мне сообщила мадам Ермилова, с которой я уже пообщался по телефону, пока вы с Зарубиным бабкину квартиру шерстили. Господин Храмов, царствие ему небес-

ное, собирался отбыть на отдых не менее чем на два месяца, в связи с чем поставил Дударева и Ермилову в известность, что защитой Дударева он заниматься не будет. А господин Дударев, в свою очередь, не далее как сегодня утром продемонстрировал нам всем, что держать себя в руках он совсем не умеет, вспыхивает как порох и тут же лезет в драку. Бабку нашу Романову чуть не пришиб прямо в моем кабинете. Поэтому самое первое и самое нормальное, что может прийти в голову следователю вроде меня, — это идея о том, что убийство совершил Дударев. Жалко, что у него алиби, которое даже я оспорить не могу. Остается только надеяться на то, что наш медик ошибся и смерть наступила до десяти часов утра. Пойди-ка, Настасья, поговори с женой Храмова, она в соседней комнате в себя приходит. Я пока не смог толком ее допросить, уж очень плоха.

— Хорошо, — кивнула Настя, — я по-

пробую. Только насчет судебного медика я хотела сказать...

— Ну?

— Сейчас жара стоит. Процессы идут быстрее. Поэтому если медик и ошибся, то в сторону увеличения срока наступления смерти, а не в сторону уменьшения. Храмов мог умереть значительно позже полудня, но уж никак не раньше.

— Больно ты умная, — огрызнулся Гмыря. — Иди задание выполняй.

Жена, а теперь уже вдова Анатолия Храмова, действительно была очень плоха, но старалась держаться изо всех сил. Красивая молодая женщина с лицом белым от ужаса и сердечной недостаточности, вызванной шоком.

— Толя раньше в милиции работал, я знаю, что вам нужно меня допросить, — сказала она, давясь слезами. — Вы не смотрите, что я плачу, вы спрашивайте. Я никак остановиться не могу...

Насте стало ужасно жаль ее, такую молодую и красивую, ведь еще вчера, еще

сегодня утром, даже еще сегодня днем, пока она не вернулась домой, жизнь представлялась ей совсем другой. У нее был любящий и любимый муж, оба они были молоды, полны сил и желания жить и, наверное, счастливы. И вдруг в одну секунду все переменилось. Нет больше мужа, нет сил и желания жить, нет счастья. Настя решила не приступать прямо к делу, а немного отвлечь женщину посторонними разговорами, чтобы дать ей возможность войти в ритм беседы и привыкнуть к необходимости отвечать на вопросы.

— Вы собирались ехать отдыхать? — сочувственно спросила она.

— Мы... Да, в октябре... Планировали ехать в Испанию.

Храмова разрыдалась. Настя собралась было успокаивать ее, но внезапно остановилась. Как это в октябре в Испанию? Почему в октябре? А куда же Храмов собирался ехать сейчас? Это должна была быть какая-то очень важная и неотложная

поездка, если ради нее он расторг договор с клиентом.

— Скажите, а куда Анатолий Леонидович собирался уезжать в ближайшие дни? — спросила она.

— Никуда.

— Вы точно это знаете? Может быть, он вам говорил, а вы забыли?

— Не говорил он мне ничего. — Храмова всхлипнула и вытерла лицо зажатым в руке платком. — Он не собирался ни в какие поездки. Даже на дачу не приезжал, работы было много.

Очень интересно! Но есть и другой вариант. Если жена по нескольку дней подряд не приезжает в Москву, то вполне можно успеть быстренько съездить куда-нибудь и вернуться, не ставя ее в известность. Другое дело, что ради такой короткой поездки не имеет смысла отказываться от клиента. Хотя Ермилова говорила что-то о двух месяцах, а не о нескольких днях. Если только... Если только сама поездка не решает какой-то очень важный

вопрос, после чего уже не будет необходимости заниматься адвокатской практикой. Или не будет возможности.

— Наталья Сергеевна, ваш муж не собирался менять род занятий? — осторожно спросила Настя.

— Я не понимаю...

— Ну, может быть, ему делались какие-нибудь интересные предложения, возможно, даже связанные с вашим переездом за границу. Нет?

— Я ничего не знаю об этом, — покачала головой Храмова.

— Вы можете поручиться, что находитесь полностью в курсе дел мужа? Вы точно знаете, что у него от вас нет секретов?

— Конечно, есть. Вы же понимаете, он адвокат... Он очень бережно относится к своим клиентам, никогда слова лишнего про их дела никому не скажет, даже мне.

— А вас это не задевало?

— Ну что вы... Он же в милиции работал, я уже говорила вам. Толя меня еще с тех пор приучил, что есть производствен-

ные секреты и чтобы я не обижалась, если он не все мне рассказывает. Вы знаете, мы ведь очень давно женаты, Толя еще в школе милиции учился, а я в институте, на втором курсе. Нам только-только по восемнадцать исполнилось, когда мы поженились. Мы с восьмого класса знали, что будем вместе, ждали только, чтобы возраст подошел. В этом году пятнадцать лет со дня свадьбы хотели праздновать. Как раз в октябре, собирались в Испании...

Она снова расплакалась, на этот раз уже не так отчаянно, зато горько. Глядя на плачущую женщину, Настя думала о том, как похожи и в то же время непохожи бывают человеческие судьбы. Они с Чистяковым вместе с девятого класса, а поженились только три года назад. Им понадобилось почти двадцать лет, чтобы понять, что они должны быть вместе. Если бы они поженились, как Храмовы, в восемнадцать лет, то в этом году праздновали бы двадцатилетие со дня свадьбы.

А они до тридцати пяти тянули. Насте вдруг стало страшно, она представила себе, что чьей-то злой волей Лешку вырвут из жизни. Из жизни вообще и из ее, Настиной, жизни. Несмотря на то что по работе она почти ежедневно сталкивалась со смертями, ей не приходило в голову, что такое же может случиться и с ней самой. А ведь может. От беды никто не застрахован, даже самые правильные и благополучные. Можно не заниматься опасными видами деятельности и соблюдать правила личной защиты, не знакомиться с подозрительными людьми, не входить в лифт с неизвестными, не приглашать в дом малознакомых личностей, но все равно не убережешься. Кто-то кого-то захочет убить, а под пули попадет случайный прохожий. И не существует в природе такого закона, по которому этим случайным прохожим не может ни при каких условиях оказаться близкий тебе человек. Нет такого закона, а потому всякое может случиться. Не говоря уже о пьяных или

обкуренных водителях, лихо выезжающих на встречную полосу.

— Не плачьте, пожалуйста, — тихо попросила Настя. — Давайте еще поговорим о вашем муже. Мне сейчас нужно узнать о нем как можно больше, чтобы как можно быстрее определить правильное направление поисков убийцы. Вы меня понимаете?

Храмова молча кивнула и снова поднесла к лицу мятый и совершенно мокрый платок.

— Спрашивайте.

— Анатолию Леонидовичу никто не угрожал?

— Я не знаю. Он не говорил. Не хотел, чтобы я напрасно волновалась.

— У него были долги?

— Долги? — Храмова, казалось, даже удивилась. — Нет. У нас достаточно денег, мы привыкли жить неприхотливо.

— Может быть, ваш муж играл в казино?

— Да что вы, он там ни разу не был.

— Наталья Сергеевна, мне не хотелось бы, чтобы вы поняли меня неправильно, но... Вы все лето живете на даче, а Анатолий Леонидович постоянно был в городе. Почему так? Почему вы не вместе?

— Мне... Я... — Храмова замялась. — Мне тяжело в городе в такую жару. Мне нельзя... такие перегрузки...

«Господи, да она же беременна! — поняла Настя. — Ну конечно, как я сразу не сообразила. Просто она все время сидит, я не видела ее фигуру в полный рост. А может быть, срок еще такой маленький, что по фигуре и не заметно. Она права, вынашивать ребенка в душном раскаленном каменном мешке — не самое лучшее».

— Вы ждете ребенка? — спросила она на всякий случай.

— Да. Третий месяц. У меня не получалось несколько раз, поэтому мы с Толей решили не рисковать, беречься с самого начала. Я даже с работы уволилась, чтобы не ездить на электричках каждый день. Жила постоянно на даче с Толиной

бабушкой, там сосны, озеро, воздух хороший.

— А зачем вы сегодня приехали в город?

Храмова подняла на Настю больные глаза, губы ее дрожали.

— Я соскучилась по Толе. Так сердце защемило... Я почувствовала, что умру, если его не увижу. Я думала, это от любви. Теперь понимаю, что это было другое.

Настя вернулась в комнату, где Гмыря руководил осмотром.

— ...пепельница керамическая, в которой находятся... двенадцать окурков от сигарет «Кэмел спешиал лайтс», бутылка пластиковая объемом два литра с этикеткой «Вера», в бутылке находится прозрачная жидкость, заполняя бутылку на высоту... Кто линейку спер? Дай сюда, ворюга... На высоту два и три десятых сантиметра... Так, дальше поехали. Стакан с остатками прозрачной жидкости, расположен рядом с пепельницей и бутылкой... Еще один стакан на противоположной стороне сто-

ла, на вид сухой и чистый, видимых отпечатков пальцев и губ не имеется.

Гмыря не обратил на Настю внимания, и она на цыпочках вышла на кухню. Здесь было чисто, спокойно и прохладно. На столе стояла одинокая бутылка воды, все та же «Вера». Бутылка была пуста лишь наполовину. А в комнате стояла почти допитая бутылка и два стакана. Понятно. К Храмову пришел гость, и он, как воспитанный хозяин, поставил на стол два стакана и непочатую бутылку. Гость, однако, не пил, жажда его, по всей видимости, не мучила, так что стакан его остался сухим и чистым. Что же получается, за время встречи Храмов выпил без малого два литра воды? Получается. Бедный водохлеб!

Настя быстро прошла в комнату, где сидела безутешная вдова.

— Наталья Сергеевна, ваш муж курил?

— А?

Храмова вскинула на нее непонимаю-

щий взгляд, будто забыв, кто эта женщина и зачем она здесь.

— Что вы спросили?

— Ваш муж курил? — терпеливо повторила Настя.

— Нет почти... Только за компанию, когда застолье, мог выкурить две-три сигареты. И еще когда нервничал.

— Какие сигареты он курил?

— Легкие. Ему привозят откуда-то облегченный «Кэмел», настоящий, не лицензионный.

— Вы можете припомнить случай, когда Анатолий Леонидович выкурил бы больше десяти сигарет за короткое время?

— За короткое? Это сколько?

— Например, за два часа.

— Да что вы! Я такого никогда не видела. То есть я хочу сказать, что в то время, когда он работал в розыске, он, конечно, много курил, очень много, особенно когда сидел дома и ждал, что кто-то придет или позвонит. Тогда прикуривал одну от другой, все время дымил. Он очень нерв-

ничал в таких случаях, весь как натянутая струна был. А потом, года два назад, сказал, что будет бороться за здоровую старость, и резко сократил курение. В последние два года он курил совсем мало. Ему одной пачки хватало на неделю, а то и на две.

Хорошенькое дело! Двенадцать сигарет и два литра воды за одно прекрасное утро. Кого же ждал Анатолий Леонидович с таким диким нервным напряжением? И кто в результате к нему пришел? Кто заставил его так нервничать во время разговора? Уж понятно, что не друг и не клиент. Тогда кто?

Настя снова вышла туда, где находилась группа, подошла к столу и склонилась над пепельницей. Все двенадцать окурков были как братья-близнецы, совершенно очевидно, что тушила их одна и та же рука одним и тем же привычным жестом. Конечно, преступник мог быть достаточно хитер, чтобы курить те же сигареты из той же хозяйской пачки и ту-

шить их таким же способом, но это бесполезная уловка, потому что экспертиза все равно покажет, кому принадлежит слюна на окурках, одному ли Храмову или кому-то еще.

— Каменская, помоги с бумагами, — скомандовал Гмыря.

Пока Сергей Зарубин и Коля Селуянов обходили соседей в надежде найти хоть кого-нибудь, кто видел и мог бы описать утреннего посетителя квартиры адвоката Храмова, Настя собирала папки и бумаги из письменного стола. Дело близилось к полуночи, и она спохватилась, что не предупредила мужа. Лешка, наверное, звонит ей из Жуковского каждые десять минут и с ума сходит от волнения. После неприятного эпизода с молоденькой Юлечкой Чистяков два дня подряд приезжал ночевать в Москву и, только убедившись, что Настя успокоилась, вернулся к родителям. «Интересно, — подумала Настя, — отчего он больше волнуется, оттого, что со мной что-то случилось,

или оттого, что я загуляла с другим мужчиной?»

— Борис Витальевич, мне нужно позвонить, — сказала она Гмыре.

— А не обойдешься?

— Не обойдусь. Я мужа не предупредила, что выехала на место происшествия. Вы же знаете, что ревность — самое разрушительное чувство. Зачем человека зря травмировать?

— Самое разрушительное чувство, Каменская, — это зависть, — поучительно изрек Гмыря. — Спроси у Мусина разрешения, если он уже с телефонным аппаратом закончил, можешь позвонить.

Эксперт Мусин звонить разрешил.

— Не перепачкайся только, — предупредил он, — аппарат весь в порошке, я пальцы снимал.

— А я уж думал, что ты сбежала с проезжим актером, — с облегчением сказал Чистяков, услышав ее голос.

— И обрадовался? — спросила Настя.

— Еще как. Стал уже прикидывать,

когда мне сделать предложение нашей Юлечке, а ты тут как тут на мою голову. Тебе там долго еще?

— Долго. Часа два, не меньше.

— Как домой доберешься? В метро пускать уже не будут.

— Селуянова попрошу отвезти, он на колесах.

— Не будь нахалкой, Коля — молодожен, его жена ждет возле теплой постели. Хочешь, я за тобой приеду?

Ей очень хотелось сказать «хочу». Еще горьковатым привкусом напоминал о себе ее недавний внезапный страх в один момент потерять Алексея, и Настя вдруг поняла, что нужно стараться успеть сказать и сделать самое главное, потому что, когда будет поздно, поправить уже ничего нельзя будет. Она так явственно представила себе, как обнимет мужа и скажет ему те слова, которые давно должна была сказать, но не говорила, считая это делом пустым и необязательным, делом, которое всегда успеешь сделать. А ведь можно

и не успеть. Но сейчас почти полночь, и Жуковский отсюда — не ближний свет, а Лешке к девяти утра на работу. Она будет последней свиньей, если примет его джентльменское предложение и заставит ехать в такую даль на ночь глядя. Хотя, с другой стороны, Лешка хоть и умеренно ревнив, но он все же ревнив, и, если он подспудно хочет убедиться, что его жена действительно работает, а не прохлаждается в объятиях любовника, нельзя лишать его такой возможности. Конечно, Настя никогда не давала ему повода для ревности, но теперь, после эпизода с Юлей, все может измениться. Сколько историй знает человечество, когда супруг, подозревая другого в неверности, сам начинает изменять исключительно ради собственного психологического комфорта. Дескать, ты мне верность не хранишь, но и я не сижу без дела. И до тех пор, пока Чистяков будет испытывать неловкость от Юлиной выходки, он будет подсознательно ждать, что его жена может выкинуть что-нибудь

подобное. Итак, хочет ли она, чтобы Леша приехал за ней сюда и отвез домой?

— Хочу, — сказала она решительно. — Приезжай за мной, Чистяков, мне хочется почувствовать себя замужней дамой, которую муж встречает после работы.

Почти в половине второго ночи осмотр места происшествия был наконец закончен. Гмыря первым вышел из квартиры и, грохоча ботинками, чуть ли не бегом спустился вниз. Квартира Храмовых находилась на втором этаже, можно было обойтись без лифта. Селуянов вышел последним.

— Тебя отвезти? — дежурно спросил он Настю, но по его голосу было отчетливо слышно, что он надеется на отрицательный ответ.

— Надеюсь, что нет. Не исключено, что внизу ждет мой профессор.

— Ого! Прилив нежности? — съехидничал Николай. — Сколько я помню, такого не случалось.

— Скорее прилив ревности. А насчет

того, что раньше такого не случалось, так все когда-то бывает в первый раз.

— А ревность-то у кого? У профессора?

— Нет, Коленька, ревность у меня, а у профессора комплекс вины по этому поводу. Ладно, ты не вникай, это мы от скуки дурака валяем. Одна маленькая дурочка вообразила, что Чистяков от нее без ума, и тут же поставила меня об этом в известность. Чистяков, естественно, расстроился ужасно, он думает, что я теперь перестану ему верить и начну ревновать, а от ревности люди делают всякие глупости, в том числе и начинают изменять, причем без всякого на то желания, а исключительно из дурацкого принципа. Вот и думай теперь, у кого приступ ревности, у меня или у Лешки.

— Мудрено как у вас все, — покачал головой Селуянов. — Не можете вы, интеллектуалы, в простоте жить.

— А ты можешь?

— Теперь могу, — твердо ответил Николай. — Я теперь не думаю ни о чем, я

просто люблю Валюшку и чувствую, что счастлив. А счастье, как тебе известно, не стимулирует умственную деятельность. Вот говорят же, что настоящий творец должен быть голодным, тогда он может создать шедевр. Сытые шедевров не создают. Для того чтобы хорошо думать, нужно быть несчастливым, а счастливые не думают, они просто живут. Поняла, гениальная ты моя?

Он придержал дверь, пропуская Настю из подъезда на улицу. Машина Гмыри, подмигнув фарами, уже отъезжала от дома. На противоположной стороне улицы рядом с машиной Селуянова Настя увидела «Москвич» Чистякова. Сам Алексей стоял рядом с машиной и что-то оживленно обсуждал с Зарубиным. «Боже мой, вот он стоит, — подумала Настя, чувствуя, как зашлось сердце, — стоит живой и здоровый, разговаривает с Сережей и даже не думает о том, что он жив и как ему повезло, что никакого несчастья пока не случилось. А я понимаю, какое это счас-

тье, когда твои близкие с тобой, а не на кладбище, и еще можно насладиться тем, что они с тобой, и еще можно сказать им, как любишь их и дорожишь ими. Как хорошо, что я вовремя спохватилась!»

Алексей смотрел на нее удивленными глазами, он не понимал, почему Настя вдруг побежала к нему, хотя спешки никакой нет и можно идти спокойно.

— Чистяков, как хорошо, что ты у меня есть, — пробормотала она, уткнувшись носом в его шею и вдыхая запах его туалетной воды. — Ты — самое лучшее, что есть в моей жизни.

— Ты хочешь сказать, домой ночью добраться не можешь без меня? — пошутил Алексей.

— И это тоже. И вообще без тебя я умру с голоду. Поехали, а?

— Ася, я всегда ценил твою честность выше, чем твои умственные способности. Не заставляй меня сомневаться.

Она отстранилась и посмотрела на мужа.

— Почему сомневаться?

— Потому что прилив нежности у тебя обычно случается, когда ты нашкодишь. А уж такого прилива страстной любви, как сейчас, я и вовсе не припомню. Признавайся, что случилось?

— Ничего, профессор, просто я резко поглупела и от этого стала до неприличия искренней. Вот Селуянов мне только что популярно объяснил, что счастливые люди обычно заметно глупеют. Я осознала, какое это счастье, что ты у меня есть, и поэтому мозги отказываются работать. Перестань надо мной издеваться, а то я обижусь.

Чистяков усадил жену в машину и, прежде чем закрыть дверцу, наклонился к ней.

— Не надо себя обманывать, дорогая, ты не можешь на меня обидеться никогда и ни при каких обстоятельствах.

Она расхохоталась.

— Тебе не противно, что ты всегда прав?

— Ничуть. Быть всегда правым рядом с такой умной женой — это дорогого стоит. Это престижно и почетно, как Государственная премия.

* * *

Как и полагается при раскрытии убийств, одним из первых шагов становится выяснение и отслеживание всех передвижений и контактов потерпевшего за последние дни. Куда ходил, с кем встречался, о чем разговаривал. Жена Храмова в этом поиске сведений ничем помочь не могла, ибо последние две недели безвылазно сидела на даче на берегу Клязьминского водохранилища. Зато весьма полезными могли оказаться Ольга Ермилова и Георгий Дударев, поскольку с ними Храмов предварительно обсуждал перечень лиц, к которым он может обратиться, осуществляя сбор информации для защиты Дударева.

Сам Дударев на контакт шел неохотно, грубил Гмыре и огрызался. Основным

лейтмотивом его высказываний была мысль о том, что следователь не в состоянии раскрыть одно убийство и арестовал невиновного, так что нечего ему браться за другое и пытаться пришить к нему ни в чем не повинного Дударева. Ольга же Ермилова, напротив, рассказывала много, хотя интонация ее высказываний была более чем сдержанной, а ответы лаконичными. К ней послали Селуянова, как человека, близкого ей по возрасту.

Ольга рассказала о том, какую линию защиты по делу Дударева избрал адвокат и каких людей и с какой целью собирался опросить. Уже закончив беседу, Селуянов не сдержался и спросил:

— Ольга Васильевна, почему вы мне это рассказали?

— Потому что вы спросили, — коротко ответила она.

— Но вы не можете не понимать, что даете в руки следствию дополнительные козыри. Вы хотите добиться освобожде-

ния Дударева, значит, вы будете искать другого адвоката, и другой адвокат уже не сможет избрать ту же стратегию защиты, потому что следователь предупрежден, а значит — вооружен.

— Мне все равно. Пусть адвокат выбирает другую стратегию.

Селуянов помолчал, обдумывая услышанное. Что-то ему здесь не нравилось... Ольга Ермилова ведет себя не как верная подруга, которая стремится любой ценой помочь своему возлюбленному, а как оскорбленная женщина, желающая свести счеты с обидчиком. Неужели Дударев в чем-то провинился перед ней?

— Ольга Васильевна, я задам вам вопрос, который может показаться обидным и оскорбительным, и вы можете на него не отвечать. Но я его все равно задам. Вы верите в невиновность Георгия Николаевича?

Наступило молчание, и Селуянову показалось, что сейчас что-нибудь взорвется в этой комнате. Наконец Ермилова от-

ветила. Она говорила ровным невыразительным голосом:

— Нет, я не верю в его невиновность.

— Тогда почему вы стремитесь его защищать?

— Потому что, кроме веры в невиновность, есть еще чувство сострадания и чувство долга. Георгий доверился мне и попросил о помощи как близкого человека, и я не могу его подвести.

— Но тем, что вы мне сейчас рассказали, вы ему не помогаете, — осторожно заметил Селуянов. — Вы ему вредите.

— А вам? Вам я помогаю?

— Пока не знаю, — честно признался он. — Может быть, и нет. А может быть, и помогаете, если, опрашивая людей, которых вы мне назвали, я узнаю о Храмове что-то такое, что прольет свет на его убийство. Но гарантий нет никаких. Ольга Васильевна, я понимаю, что вы приносите определенную жертву, но я хочу, чтобы вы понимали, что она может оказаться бесполезной.

Ольга снова помолчала несколько секунд. Потом взглянула на Селуянова.

— Зачем вы мне все это говорите? Я ответила на ваши вопросы, пусть даже в ущерб собственным интересам и интересам Георгия. Чем вы недовольны? Почему вы меня мучаете этим разговором? Не лезьте в мою жизнь, я вас прошу.

— Извините, — пробормотал Селуянов, испытывая неловкость. — Давайте вернемся к Храмову и людям, с которыми он должен был общаться. Вы мне назвали знакомых семьи Дударевых, которые могли бы, по вашему общему замыслу, рассказать о том, как Елена Петровна хранила верность мужу и не собиралась с ним разводиться. А каким образом вы собирались подкрепить данные о том, что ваш муж давно знал о ваших отношениях с Георгием Николаевичем? Ведь именно таким способом вы, если я не ошибаюсь, намеревались скомпрометировать мужа как следователя и доказать, что он проявил предвзятость, собирая в первые сут-

ки следствия доказательства вины Дударева. Так как вы хотели это сделать?

Ольга глубоко вздохнула и отвела глаза. Она сидела вполоборота к Селуянову и смотрела в окно, за которым неподвижно застыли уставшие от жары крупные листья клена. Правая рука ее лежала на коленях, левой Ольга тихонько и ритмично постукивала по столу, и не было в этом стуке ни малейшей нервозности, только какая-то обреченность и безмерная усталость.

— Храмов должен был пойти к моей подруге и предложить ей деньги за показания.

— К какой подруге? Имя назовите, пожалуйста.

— Я не знаю, кого он выбрал. Я назвала ему три имени и сказала, что это мои близкие приятельницы, которые знали, что у меня роман с Дударевым, но у меня язык не повернется предложить им такое, тем более за деньги. Анатолий Леонидович посмеялся и сказал, что от меня они,

конечно, денег не возьмут и на такое не согласятся, а от него, человека постороннего и умеющего быть убедительным, возьмут. Он сам встретится с ними по очереди, побеседует, присмотрится к ним повнимательнее и только после этого решит, кто из них наиболее для этого пригоден. Только просил, чтобы я им не звонила и не предупреждала о его визите, а то не ровен час кто-нибудь из них окажется излишне честной и сочтет нужным поговорить с Михаилом до того, как все будет организовано.

— Храмов говорил вам, с кем он успел встретиться и каковы результаты?

— Нет, он звонил и говорил, что работа идет и чтобы я ни о чем не беспокоилась. А потом вдруг заявил, что отказывается от дела, потому что ему нужно срочно уезжать по семейным обстоятельствам. Вот и все.

После встречи с Ермиловой Николай долго не мог вернуть себе привычное шут-

ливое и легкое расположение духа. У него было такое чувство, что он разговаривал с женщиной, которая только что похоронила единственного близкого человека и больше у нее не осталось ни одной родной души на всем свете.

Но как бы ни было на душе скверно, а работать надо, интимные переживания сыщиков никого не волнуют, кроме них самих. И Селуянов отправился к людям, которых назвала ему Ольга Ермилова. Впереди было еще полдня, и можно было многое успеть. К шести вечера он отработал четверых из шести человек, с которыми должен был встретиться адвокат Храмов, и чувство недоумения, возникшее после первых двух встреч, к концу четвертой беседы переросло в чувство острой тревоги. Что-то было не так, совсем не так. Концы с концами никак не сходились, даже если пытаться стягивать их парой лошадей.

К девяти вечера, навестив последнего,

шестого человека, он нашел телефон-автомат и позвонил на работу. Каменской на месте не было, ее домашний телефон тоже не отвечал, зато до Короткова удалось дозвониться. Юра никогда не уходил с работы рано.

— Але, босс! — бодро выкрикнул в трубку Селуянов. — А где наша подпольковница?

— Будешь обзываться — не скажу, — молниеносно парировал Коротков.

— Ну ладно, шеф.

— Не годится.

— Тогда начальник.

— Обижусь.

— Ну, Юр, заканчивай издеваться...

— Вот можешь же, когда хочешь, только придуриваешься. Чего тебе? — смилостивился Коротков.

— Аська где?

— А тебе срочно?

— Срочно.

— Она у Стасова. Сказала, что не навещала Татьяну неприлично долго и нуж-

но наконец выбрать время и нанести визит. Телефон сказать?

— Сам знаю.

— Колян, а ты не считаешь нужным проинформировать меня о причинах такой безумной срочности? Я все-таки твой начальник. И к делу Дударева вроде как подключен.

— Здрасьте, приехали. То ты обижаешься, что я тебя начальником называю, то недоволен. Не поймешь вас, Коротковых. И вообще, это не по Дудареву, а по Храмову.

— А не один ли хрен? Дело-то одно. Не увиливай, Колян.

— Юра, все очень смутно и непонятно, я не хочу тебя грузить раньше времени. Давай я сначала с Аськой поговорю, а тебе завтра доложим.

— Ладно, уговорил. Завтра прямо с утра.

— Есть, шеф!

— Убью... — пообещал Коротков с угрозой.

Глава 12

Ирочкины знаменитые пирожки были, как всегда, отменными, но жара и тут сделала свое подлое дело, начисто лишив Настю аппетита. Ей удалось впихнуть в себя только два маленьких шедевра с капустой, хотя в былые времена количество поглощаемых ею за один визит пирожков обычно бывало больше пяти.

— Неужели не вкусно? — огорченно спросила Ира. — Не получились?

— Получились. Просто сил нет жевать, — объяснила Настя.

— Вот так всегда. Я стараюсь, стараюсь...

— Не расстраивайся, — рассмеялась Татьяна. — Гришка подрастет, будет в твоем хозяйстве еще один мужичок, они вдвоем со Стасовым всю твою стряпню оприходуют.

— Когда еще он подрастет, — махнула рукой Ирочка.

Ждать действительно оставалось нема-

ло, ибо сыну Татьяны и Стасова — Гришеньке только через три недели исполнялся годик. Это был невероятных размеров бутуз с ужасно серьезными глазами и не по возрасту солидными движениями. Он уже ходил, проявляя в этом сложном деле полную самостоятельность, и каждый шаг делал своими пухлыми ножками так значительно и основательно, как будто заявлял: «Вот я иду, и попробуйте мне помешать». Ростом он пошел в двухметрового отца, а олимпийским спокойствием и выдержкой — вероятно, в маму-следователя.

— Настя, скажи ей, чтобы и не думала выходить на работу, — потребовала Ирочка. — Пусть сидит дома с ребенком и пишет книжки: и малышу польза, и семейному бюджету.

— Ага, — тут же поддакнул Стасов, — и семейной жизни в целом тоже. Ира, перестань привлекать всех гостей к решению собственных проблем. По-моему, Таня

ясно сказала, что с сентября возвращается на службу. Ее же все равно не переубедить. Тебя можно переубедить, Танюха?

— Не-а.

Татьяна помотала головой, при этом ее отросшие волосы, стянутые сзади заколкой в хвост, весело запрыгали по плечам.

— Я вообще-то тоже против того, чтобы моя жена работала, — пояснил Стасов, — но я полагаю разумным не вмешиваться. Женщина, которая больше десяти лет проработала следователем и трижды выходила замуж, знает, что делает, и в советчиках вряд ли нуждается. Верно, Танюха?

— Верно, Стасов.

— Но тут есть одно серьезное «но», — продолжал Владислав. — Наша Ирочка. Если ты, Танечка, выходишь на работу, но Ира автоматически продолжает оставаться нашей домоправительницей, потому что должен же кто-то сидеть с ребенком

и вести хозяйство. И я считаю это глубоко безнравственным. Ира должна устраивать свою собственную жизнь, а не нашу.

— Ничего я не должна, — горячо заговорила Ирочка. — Мне вполне хватает вашей жизни, не гоните меня.

Настя поняла, что присутствует при давнем споре, который в семье Стасова ведется изо дня в день и всем уже изрядно надоел. Конечно, это ненормально, когда красивая молодая женщина посвящает все свое время обслуживанию другой семьи. Они с Татьяной даже не родственники в юридическом смысле, просто Татьяна когда-то была замужем за Ирочкиным братом. Ирочке катастрофически не везло в личной жизни, и это лишь подтверждало давно известную закономерность, в соответствии с которой красивые, умные и хозяйственные женщины почему-то никак не могут выйти замуж. Объяснения этой закономерности пока никто не дал, зато каждый имел возможность наблю-

дать ее собственными глазами. Татьяна и Стасов предпринимали несколько раз попытки познакомить Иру с кем-нибудь, по их мнению, подходящим, но всегда это заканчивалось неудачей. Ира упорно цеплялась за ставший привычным образ жизни и, похоже, просто боялась его менять.

— Ничего, Ириша, вот познакомлю тебя с нашим Доценко, и все твои аргументы рассыпятся в прах, — угрожающе произнесла Настя. — Доценко — это наш последний аргумент в борьбе за твою личную жизнь. Красивый, холостой, по возрасту тебе подходит. И, между прочим, умный.

— Точно, — радостно подхватил Стасов, — мы давно уже с этой идеей носимся, а в жизнь воплотить — руки не доходят. Миша Доценко — отличный парень, вы составите прекрасную пару.

— Да ну вас!

Ирочка залилась краской и отвернулась.

— Я вам мешаю, что ли? Что вы так

стараетесь меня выпихнуть замуж? А кто домом будет заниматься?

— Ира, миллионы семей состоят из работающих супругов и маленьких детишек, но только в некоторых семьях есть домработницы. Все же как-то справляются, так почему мы не сможем? — увещевал ее Стасов. — Отдадим Гришку в ясли, будем покупать полуфабрикаты и жить как все люди.

— Гришеньку? В ясли? Полуфабрикаты?

На лице у Ирочки был написан такой неподдельный ужас, что Татьяна расхохоталась, следом за ней рассмеялись Настя и Стасов.

— А чем Гришка хуже других детей? Я вот, например, ходил в ясли, и Танюха тоже... Ася, ты как?

— Я как все, — ответила Настя. — У меня папа в уголовном розыске работал, а мама в институте училась, когда я родилась, так что я честно прошла и ясли, и детский садик.

— О! — Владислав многозначительно поднял указательный палец. — Слышишь, Ирусик, что люди говорят? Вон Аська какая умная выросла, да и я не подкачал, а уж про Таню и говорить нечего, ее книжками вся страна заполонена, стало быть, тоже не дурочка получилась. И Гришка в яслях не пропадет.

— Гришеньку я в ясли не отдам! — категорически заявила Ира. — Это даже не обсуждается. Настя и Таня, между прочим, в ясли и садик ходили-ходили, да все здоровье там растеряли. У них не организм, а сплошные болячки.

— Но я-то здоров, — возразил Стасов.

— Зато дурак, — сердито бросила Ира. — А Гришеньку я выращу здоровеньким и умненьким. И не позволю кормить ребенка полуфабрикатами.

Они препирались беззлобно и словно автоматически, и даже Ирочкина сердитость не могла никого обмануть. Настя слушала их любовно-дружескую перепал-

ку и невольно вспоминала Артема с Денисом. Как все похоже бывает! Просто рождаются на свет самые разные люди, одни светловолосые, другие жгучие брюнеты, одни маленькие, другие высокие, одни с прекрасными физическими данными, позволяющими им стать успешными спортсменами, другие — со склонностью к творчеству, как Татьяна. Рождаются люди, предназначенные для лидерства, и люди, для которых самым важным в жизни становится ощущение собственной нужности кому-то. Разве это плохо? Почему мы всегда стремимся причесать всех под одну гребенку, всех женщин и мужчин непременно соединить в крепкие семьи с детишками и из каждого ребенка вырастить родительскую мечту — физически здорового отличника, вежливого со старшими и ласкового в семье. Родители Артема Кипиани вовремя поняли главное: их сын не должен быть отличником, он должен быть счастливым. Он должен

получить полноценное образование и жить полноценной жизнью, пусть более трудной, чем все остальные, но ТАКОЙ ЖЕ, как все, и если для этого приходится получать тройки в аттестате, то пусть будут тройки. А сколько родителей не понимают этого? Ребенок рожден для того, чтобы быть лучшим в стране краснодеревщиком, уникальным мастером, а его ругают за то, что он плохо понимает астрономию и не может выучить сто слов по-немецки. Его заставляют заниматься, ему нанимают репетиторов, пропихивают в институт, который ему не интересен, и несчастный учится, умирая от скуки, потом работает, умирая от тоски и злости, он не делает карьеру, потому что постылая работа не может быть успешной. И все это вместо того, чтобы заниматься любимым делом и быть счастливым. Может быть, Ирочке Миловановой вовсе не нужно выходить замуж, чтобы быть счастливой, потому что она счастлива ощущением своей не-

обходимости в этой семье. Интересно, а что нужно Денису Баженову, чтобы стать счастливым? Быть возле Артема? Или жить своей собственной жизнью?

— Настя! Ты что, не слышишь?

Мелодичный голос Ирочки звенел у самого Настиного уха.

— А? Извини, я задумалась. Что?

— Тебя к телефону.

— Лешка?

— Коля Селуянов. Говорит, срочно.

— Он всегда так говорит, — спокойно ответила Настя, сползая с дивана, на котором сидела, уютно поджав под себя ноги. — У него вечный пожар.

— Пригласи его к нам, хоть пирожков поест, — предложила Ира.

— Не выйдет, — покачала головой Настя, — у него теперь жена есть, отменная кулинарка.

— А ты все равно пригласи, вдруг придет?

* * *

Как ни странно, Селуянов пришел. Поохав над маленьким Стасовым, он тут же выцыганил у Татьяны два экземпляра ее последней книги и попросил написать автографы для жены Валентины и для тестя, который оказался большим поклонником Таниного творчества.

— Он как узнал, что я с тобой знаком, так всю плешь проел, чтобы автограф твой получить, — тараторил Николай с набитым ртом. Пирожки он поглощал с такой скоростью, что у Ирочки не осталось ни малейших оснований опасаться за результаты своих трудов. Ничего не пропадет и не зачерствеет. — А у меня и так с растительностью на голове не очень, так я подумал, что надо побыстрее ему книжку привезти, пока я вконец не полысел.

Через десять минут на огромном блюде не осталось даже крошки.

— Спасибо, родная, — с чувством произнес Селуянов, целуя Ирочку в обе щеч-

ки, — ты не дала погибнуть светочу советской легавки.

— Российской, — поправила Ира с улыбкой.

— А, ну да, никак не переучусь.

— И не легавки, а милиции, — снова поправила его Ира. Она очень трепетно и с огромным уважением относилась к работе Татьяны и всегда воспринимала любые пренебрежительные слова в адрес милиции как личное оскорбление.

— Ладно, сойдемся на ментовке. Я предлагаю тебе разумный компромисс, или, как нынче модно говорить, консенсус. Это я такой уступчивый, потому что объелся. Слушайте, люди, я вдруг подумал, может, у них в Думе столовка плохая, а? Чего ж они там никак договориться не могут? Такое впечатление, что наши всенародно избранные парламентарии заседают полуголодными. Сытый человек должен быть добрым, понятливым и уступчивым, как я. А они злые, никому ничего не уступают и совершенно не пони-

мают, что им говорят. Надо с этим делом разобраться, нельзя допустить, чтобы судьбы страны зависели от повара, который не умеет готовить. Об этом правильно писал еще знаменитый детский поэт. Помните? «Враг вступает в город, пленных не щадя, потому что в кузнице не было гвоздя».

— Коля, уймись, — попросила Настя. — Если ты наелся, то пошли, уже поздно.

Однако остановить Селуянова, если уж он начинал балагурить, было не так-то просто.

— Не смей затыкать мне рот упреками, — заявил он, — это можно сделать только вкусной едой.

— Коленька, а может, отбивную съешь? — обрадовалась Ира. — Она еще горячая, а если хочешь, я тебе свежую поджарю.

— Свежую не надо, — гордо отказался Селуянов, — давай ту, которая уже есть.

Он тут же принялся с аппетитом уми-

нать жареное мясо вприкуску с хлебом и свежими огурцами.

— Слушай, как в тебя столько влезает? — сказала Настя, задумчиво оглядывая его с ног до головы. — Ума не приложу. Ты же на целую голову ниже меня ростом, у тебя внутри должно быть меньше места, чем во мне, а ешь ты раз в десять больше. Где ты все это размещаешь?

— Я тебе потом объясню, — пообещал он. — Вот доем, мы с тобой сядем в машину, поедем, и я все-все тебе расскажу на тему размещения и правильного распределения продуктов питания в сыщицком организме.

Настя безнадежно махнула рукой:

— Доедай уже скорее.

Однако стоило Николаю сесть в машину, он мгновенно перестроился. От веселого балагура и шутника не осталось и следа, он даже словно подобрался, как перед прыжком.

— Значит, так, Ася Павловна. С на-

шим покойным адвокатом происходит нечто абсолютно непонятное. Навещаю я подружек мадам Дударевой, которые рассказывали следователю Ермилову про разгульную жизнь Елены Петровны и которые, по замыслу Храмова и Дударева, должны были изменить свои показания. И что я от них слышу?

— И что же ты слышишь? — нетерпеливо спросила Настя.

— От одной подруги покойной Елены Дударевой я слышу, что у Елены была бурная личная жизнь за спиной мужа. А от двух других — что ничего такого конкретного они Ермилову не говорили. Во всяком случае, о том, что у Елены был любовник и она собиралась за него замуж, они точно якобы не говорили, потому что сами ничего про это не знали. А на мои удивленные вопросы про первую подругу дружно сказали, что она стерва и лгунья, всем известно, что она была влюблена в Дударева и при каждом удобном

случае намекала ему про неверность Елены, чтобы их поссорить.

— А что же они говорили?

— Они говорили... Даже не так, они не говорили сами, а отвечали на вопросы следователя. Елена Петровна была привлекательной женщиной? Да, безусловно, она была очень красива. Пользовалась Елена Петровна вниманием мужчин? Конечно, пользовалась, а как же иначе? Были у нее серьезные романы до замужества с Дударевым? Опять же не без этого. Любила она своего мужа? Да кто ж его знает, наверное, любила, но в чужую душу ведь не влезешь. Высказывала она хоть когда-нибудь недовольство супругом? Ну естественно, в какой же семье без этого обходится. И так далее. Ответы были искренними и при желании вполне могли интерпретироваться именно так, как их записал в протокол Ермилов.

— А как-нибудь иначе они интерпретироваться могли?

— Могли и иначе. Я, натуральное дело, дамочек спрашиваю, а не был ли у вас адвокат по фамилии Храмов? Был, говорят. Так, может быть, спрашиваю, то, что вы мне сейчас рассказываете, есть результат работы адвоката? Сколько он вам заплатил за такие обтекаемые показания и за обвинения вашей подружки в том, что она стерва и лгунья? А они мне чуть ли не морду бить кинулись. Все как одна. Мы, говорят, и Храмова этого почти что за дверь выставили, потому как он нам деньги пытался предложить ни за что. Мы, говорят, Жору Дударева выгораживать не собираемся, потому как он порешил нашу любимую подружку Леночку и нет ему за это прощения, но, однако же, врать следствию не намерены, как есть, так и говорим, и следователю так говорили, и адвокату, и вам повторяем: не было у Лены никакого серьезного романа, из-за которого она собиралась бы уйти от Жоры. Во как!

— Интересно, — протянула Настя. — Но объяснимо. Конечно, у Ермилова не могло быть в тот момент обвинительного уклона, направленного лично на Дударева, поскольку он тогда еще ничего не знал про любовные похождения своей жены, но профессиональная деформация могла сказаться. Есть такой близкий и доступный подозреваемый, что просто грех не собрать против него улики. В таких случаях иногда инстинкт срабатывает.

— Да? — хитро прищурился Селуянов. — Умная ты больно. Ты дальше послушай, что было.

— И что же было?

— А дальше я отправился к подружкам мадам Ермиловой. Этих подружек числом три адвокат Храмов должен был охмурить, подкупить и заставить сказать на суде, что Ермилов давно знал об измене жены, но из гордости и благородства скрывал. Поэтому в первые сутки расследования он проявил пристрастность, не-

объективность и недобросовестность. Это они линию защиты такую выработали, чтобы дело на дослед вернуть.

— Разумно, — кивнула Настя. — И что, все три подружки должны были выдать на суде это вранье?

— Нет, зачем все три, одной хватит. Ольга назвала адвокату три имени, а уж он сам должен был лично познакомиться с претендентками и решить, кто из них подойдет для такой махинации. Так вот, одна из этих очаровательных дамочек смотрит на меня круглыми глазами, хлопает ресницами и рассказывает совершенно душераздирающую историю. Однажды, примерно три месяца назад, к ней пришел Ермилов собственной персоной и спросил, знает ли она, что у Ольги есть любовник. Дамочка, конечно же, в полном отказе и в чистой несознанке, потому как подруга же все-таки. С чего, говорит, Миша, ты такую глупость взял? Оля тебя любит и верна тебе до гробовой доски.

А Миша ей на это отвечает, что знает точно, своими глазами видел, и теперь просто интересуется, в курсе ли подруги и проявляют ли они нечеловеческую безнравственность, покрывая и поощряя свою подгулявшую подружку. Дамочка упирается и клянется всем святым, что, во-первых, ничего не знает, а во-вторых, тут и знать нечего, Оля чиста перед мужем и ни с кем ему не изменяет. Ермилов в ответ на эти клятвы усмехнулся и сказал, что пошутил. На прочность, дескать, проверял. Ольге попросил ничего не говорить, чтобы не расстраивать ее. А для подкрепления своей просьбы намекнул дамочке, что ее муж в рамках торговых операций имеет дело с фальсифицированной водкой, что милиция об этом знает и в любой момент может дать материалу ход. Дамочка намек поняла и подруге Оле ничего о подозрениях супруга не сказала. Но на ус намотала, что Миша Ермилов все знает. Поэтому, когда к ней пришел адвокат

Храмов, она ему все это и вывалила. Подруга-то нормальной женщине завсегда дороже, нежели подругин муж, и ежели представилась возможность подруге Оленьке помочь вытащить любовника из тюрьмы и при этом напакостить зловредному мужу Михаилу, то она это сделала с легким сердцем. Даже собственного мужа, торгующего поддельной водкой, не пожалела. Вот какая история получилась, Настасья Павловна.

— Да, история, — протянула Настя. — Выходит, Ермилов давно знал про Ольгины похождения. Ну что ж, хорошо, что мы вовремя спохватились, надо Гмыре рассказать, он этих свидетельниц передопросит и подстрахуется, чтобы дело из суда не вернули. А еще что интересного эти дамы рассказали тебе?

— Больше ничего.

— То есть не дали никаких наметок по поводу контактов и передвижений Храмова?

— Никаких, — подтвердил Селуянов. — В этом смысле можно считать, что день прожит впустую.

— А что насчет бабульки Романовой?

— Насчет бабульки я дал задание человеку, завтра он передо мной отчитается. И знаешь, что еще я хотел тебе сказать?

— Пока не знаю.

— Ермилова какая-то странная. Убитая, что ли. Говорит, что не верит в невиновность Дударева. Что бы это означало?

— Только то, что она сказала, Коля. Она не верит, что он не убивал. Проще говоря, она уверена, что он убил жену. И теперь у нее сердце разрывается, потому что она его любила, то есть считала человеком хорошим и порядочным, а он оказался убийцей. Более того, муж обо всем узнал, и их брак на грани развала. Какая женщина такое выдержит?

— Ася, но, если она уверена, что Дударев убийца, значит, у нее есть основания. Понимаешь, о чем я говорю? Она что-то

знает, или Дударев ей сам признался, или у нее есть какие-то доказательства. Так я что хочу сказать: может, мы зря столько сил кладем на это дело? Может, надо просто поплотнее поработать с Ермиловой, расколоть ее?

Настя вздохнула, вытащила из пачки сигарету, щелкнула зажигалкой.

— Ничего она, Коленька, не знает. У нее интуиция, обыкновенная пресловутая женская интуиция, в которую мужики обычно не верят и над которой посмеиваются. Она сердцем чует. Понял?

— Понял, не дурак. Приехали. Освободите салон, гражданочка.

— Сейчас освобожу. По кассетам новостей нет?

— Ой, ё-моё, я и забыл тебе сказать! — спохватился Селуянов. — Так, понимаешь ли, дамочками сегодняшними увлекся, что все из головы вылетело.

— Ты не дамочками увлекся, Николаша, а порочной и жестокой идеей рас-

крутки Ольги Ермиловой. Признавайся, ты ведь именно из-за этого так срочно меня разыскивал?

— А ты не перечь старшим, — парировал он. — Я сказал — из-за дамочек, значит, из-за дамочек. А про кассеты...

С кассетами все оказалось просто, как в сказке. Костя Вяткин, покойничек, был большим любителем и ценителем музыки и каждый раз, получая оригинал записи и ящик чистых кассет для переписки, оставлял себе по одному экземпляру продукта исключительно для собственного удовольствия. В квартире у него обнаружили такую фонотеку, что иному магазину и не снилось. Установить, кто привез и кто должен был забрать тот товар, который нашли в квартире Вяткина, конечно, трудно, практически невозможно, но зато вполне можно установить, кто торговал теми кассетами, образцы которых нежно хранил Костя. Торговала ими фирма «Мелодия-Плюс», та самая, в которой рабо-

тал и пресловутый Лыткин, пытавшийся убить Дениса Баженова.

— Так что теперь все ясно, как божий день, — с удовлетворением констатировал Селуянов. — Дударев нанимает Вяткина для убийства своей жены Елены, а впоследствии, когда выясняется, что Вяткина на месте преступления видел некий юноша, дается команда юношу выследить и убрать. Заодно и Вяткину рот затыкают, очень уж вовремя он умирает от передозировки. Теперь все, концы в воду. Стало быть, наша задача — доказать, что заказ Вяткину сделал Дударев, и дело в шляпе.

— Или Дударев, или кто-то по его поручению, — возразила Настя. — И надо доказывать, что Лыткину велели убить Дениса, а ведь наш маленький дружок Вася Лыткин твердо стоит на том, что хотел только лишь попугать Дениса, который собирался взять диск и уйти с ним, не заплатив. И отступать с этого проторенного пути он совершенно не намерен.

И еще надо доказывать, что Вяткину помогли умереть.

— Ну, мать, это ты размахнулась! Кто ж тебе это докажет? Скажи спасибо, если Дударева удастся к стенке припереть.

— А фотография? С ней что прикажешь делать?

— Да, фотография... Я тебе с ходу могу придумать версию, хочешь?

— Хочу. Только правдоподобную.

— Пожалуйста. Заказ Вяткину действительно делал не Дударев, а кто-то по его поручению. Почуяв, что дело оглушительно пахнет керосином, что мы задержали Лыткина и вот-вот размотаем всю компанию, этот посредник решает все свалить на Дударева и вывести себя из игры, тем паче Дударев не только подозреваемый, но уже и арестованный. Вот он и подсовывает бабке Клаве фотографию Дударева, смотри, говорит, на нее внимательно, баба Клава, и когда тебя милиция спросит насчет Костика, соседа твоего, и

насчет того, кто к нему приходил, ты им и обскажи подробно, какого мужика ты видела. Не меня ты, баба Клава, видела, а этого вот дядю, и подарю я тебе за это настоящие хрустящие бумажки, на которые ты сможешь купить в торговых точках массу полезных и приятных вещей. Конечно, это непорядочно с его стороны ужасно, но с точки зрения самосохранения вполне разумно. Как версия?

— Годится, — согласилась Настя. — Версия классная. Только проверять надо и доказывать. У тебя есть идеи, как искать этого посредника?

— Ну ты даешь! — возмутился Селуянов. — И версию я тебе придумай, и как посредника найти — расскажи. И швец, и жнец, и на дуде игрец — и все один я, бедненький Коленька.

— Ладно, бедненький Коленька, — рассмеялась Настя, выходя из машины, — пожалеем тебя всем дружным коллективом. Будешь за швеца и за жнеца, а на

дуде, так и быть, я поиграю. Целую страстно, до завтра.

Она уже шагнула в раскрытые двери лифта, как вдруг ей пришла в голову мысль, до того странная, что она сначала опешила, потом резко развернулась и побежала на улицу. Но Селуянов уже уехал. Настя медленно вернулась в подъезд, поднялась в свою квартиру. Дома было темно, тихо, пусто и душно. Стянув с себя влажные от пота джинсы и майку, Настя встала под прохладный душ. Посетившая ее мысль не давала покоя. Она понимала, что мысль эта беспокоила и Колю Селуянова, только он ее не прочувствовал, не осознал. Сыщицким чутьем он определил, что в этой истории есть белое пятно, и пятно это его тревожило, заставило искать Настю и пытаться разговаривать с ней. Но смутная тревога так и не вылезла на поверхность сознания и не позволила Николаю сформулировать свой вопрос. А вопрос был действительно интересным.

Почему Анатолий Леонидович Храмов, узнав все то, что сегодня узнал Селуянов, ни слова не сказал своим клиентам? Почему он не предупредил Ольгу Ермилову о том, что ее муж давно все знал? Почему он промолчал, говоря, что все в порядке и дело движется, а потом внезапно отказался от дела?

* * *

Иван Федорович Булгаков не подвел и на этот раз. Задание Селуянова он выполнил оперативно и в полном объеме. Клавдия Никифоровна Романова среди знакомых и соседей слыла счастливой мамашей, ибо вырастила и воспитала хороших детей. Сын ее был моряком-подводником, служил где-то в Мурманске, года примерно три назад его сильно повысили в должности, и с тех пор он стал регулярно присылать матери очень приличные деньги. Дочка вышла замуж за строителя из Магадана, уехала к нему, в первые лет десять-пятнадцать они изо всех сил закола-

чивали деньгу, даже в отпуск не ездили, брали наличными. А потом, как новая экономическая политика началась, на скопленные деньги открыли собственное дело — строительную фирму, так что теперь процветают и мамашу старенькую не забывают, тоже денежки шлют регулярно. Клавдия Никифоровна, напуганная всеми пережитыми за шестьдесят восемь лет жизни реформами и передрягами, деньги, присылаемые детьми, сначала не тратила, на книжку складывала да в чулок запихивала, мало ли как жизнь обернется, даже и похоронить не на что будет. А вдруг сына с военной службы погонят по сокращению армии? А вдруг строительное дело у дочкиного мужа прогорит? Затем, видя, что ничего плохого не происходит, а запасы на случай непредвиденной беды уже сделаны, начала понемногу тратить. Телевизор новый купила, шубу, из одежды кое-что, посуду хорошую, да и всякого по мелочи.

Была баба Клава человеком гостеприимным, имела двух закадычных приятельниц, вместе с которыми днем смотрела по своему новому большому телевизору сериалы и пила чаек из новых фарфоровых чашек, закусывая вкусными швейцарскими конфетками из белого шоколада. Очень Клавдия Никифоровна белый шоколад уважала.

А дети у бабы Клавы и впрямь заботливые были, никогда деньги переводом по почте матери не посылали, понимали, что пожилая она, полная, ноги болят, тяжело ей на почту-то ходить да в очереди стоять, чтобы получить деньги. Всегда со знакомыми передавали. Как кто в Москву едет — так непременно конвертик с деньгами получит и адресок с телефончиком, позвонит и сам лично уважаемой Клавдии Никифоровне привезет. Вот она, настоящая любовь к родителям! Не каждая мать может такими заботливыми и внимательными детьми похвастаться. У некоторых это даже зависть вызывает, нехоро-

шую такую зависть, черную. И богатая, и дети хорошие — почему ей одной все, а другим ничего? Так вот эти самые завистники гадости всякие про бабу Клаву придумывают, опорочить ее хотят. Дескать, сын у нее никакой не военный, да и с дочкой не все в порядке, дети у бабы Клавы преступным способом деньги свои вонючие зарабатывают. А с чего эти господа хорошие такое выдумали? А с того, что посыльные, которые Романовой конвертики от детей носят, все до одного вида неприличного и уважения не вызывающего. Не респектабельные, одним словом. Но это ведь сути дела не меняет, пусть дети у нее уголовники, пусть посыльные, деньги привозящие, вида пристойного не имеют, но все равно Клавдия Никифоровна остается богатой и детьми любимой и почитаемой, а это завистников пуще всего бесит, прямо спать им спокойно не дает. Так и норовят бедную женщину оболгать и грязью облить.

Поблагодарив Ивана Федоровича за

квалифицированную помощь и подарив ему в виде благодарности бутылку дорогого коньяка, Селуянов помчался в УВД Центрального округа на встречу с Сергеем Зарубиным, которому было поручено за вчерашний день собрать как можно больше сведений о Романовой по официальным каналам. Слушая доклад Сергея, Селуянов давился от хохота.

— Романова Клавдия Никифоровна с семьдесят третьего года вдова, — говорил Зарубин, заглядывая в бумажки. — От брака с гражданином Романовым имеет двоих детей, сына Александра Романова, пятьдесят пятого года рождения, и дочь Светлану Романову, по мужу Чибисову, пятьдесят девятого года рождения. Романов Александр с семьдесят восьмого года в Москве не проживает, был осужден Тушинским райнарсудом за грабеж на четыре года, после отбытия наказания в течение двух лет проживал в Ярославской области, в восемьдесят четвертом получил

новый срок опять за грабеж, сел на шесть лет, в девяностом году освободился, погулял пару месяцев, набрался сил и снова залетел в зону на восемь лет, все за тот же грабеж.

— Экий постоянный, — покачал головой Селуянов. — Ему бы в семейной жизни такое постоянство. Когда он освобождается?

— Под Новый год.

— Пока, стало быть, сидит?

— Сидит, миленький, куда ему деваться. Теперь дочка Светлана. Светлана вышла в восемьдесят втором году замуж за строителя из Магадана и уехала к нему. До примерно девяносто первого года периодически посылала матери деньги, очень небольшие и очень нечасто, потом наступил экономический кризис, стройтрест, в котором они с мужем работали, лопнул...

— Трест, который лопнул, — хихикнул Селуянов. — Классика. Если б ты толь-

ко знал, Серега, как я люблю эти официальные запросы и официальные ответы! Столько всего интересного узнаешь.

— А что, что-нибудь не так? — обеспокоенно спросил Зарубин, отрываясь от бумажек.

— Не, все так, не волнуйся. Давай дальше.

— Трест, значит, лопнул, супруги Чибисовы некоторое время сидели без работы, потом стали организовываться какие-то новые строительные структуры, и они там пристроились, потому как, кроме строительного дела, никакой другой профессией не владеют. Зарабатывали не так чтобы много, но на жизнь хватало, с учетом того, что у них двое детишек. С февраля девяносто седьмого года зарплату не получают.

— Уволились, что ли?

— Нет, не уволились. Работают на государство в долг. Государство им зарплату не платит, денег нет.

— Полтора года, значит, — присвист-

нул Селуянов. — Не хило. Как же они там с голоду-то не умерли?

— Ну вот так, — развел руками Сергей. — А как шахтеры живут без зарплаты? А учителя? А рабочие на заводах? Кормятся со своих дачных соток, подрабатывают, кто где может, с хлеба на воду перебиваются. Некоторые с криминалом связываются. Между прочим, я с ребятами из Нижнего Новгорода разговаривал, с моими корешами по школе милиции, так они мне открытым текстом говорят, что поймают, случается, человека на явном криминале, а оформлять его рука не поднимается, потому что он человек в целом хороший, а смотреть детям в голодные глаза не может, сил душевных у него на это не хватает. Сидит полгода без зарплаты, а потом подряжается машины с левым товаром перегонять или наклейки на бутылки с поддельным вином штамповать. Каждый умирает в одиночку. Это коммунизм люди строили все вместе, а без зарплаты сидит каждый в отдельнос-

ти, и никто ему в этом скорбном деле не помогает. Так что, возвращаясь к многострадальной Светлане Романовой-Чибисовой, можно с уверенностью утверждать, что никаких денег она своей мамочке не посылала и посылать не могла, особенно в последние три года.

— Ты милицию-то в Магадане запрашивал? — спросил Коля. — Может, она или ее муж в действительности в уголовщину ударились, чтобы с голоду не помереть и детей прокормить?

— Запрашивал, а то как же. Супруги Чибисовы ни в чем никогда замечены не были. Кристально честные люди. А местный участковый — их личный друг, вхож в семью и за свои слова может поручиться.

— Ага, поручиться, — проворчал Коля. — Так же, как твои нижегородские приятели. Тоже небось жалостливый, все видит, но молчит, в положение входит.

— Ну, Коля, я за что купил — за то и продаю. Таков официальный ответ. А у тебя есть основания сомневаться?

Селуянов задумчиво покрутил в пальцах сигарету, потом с недоумением уставился на нее, будто не понимая, что это за ароматическая палочка у него в руках и откуда она взялась. Вспомнив, как это называется и для чего предназначено, он сунул сигарету в зубы и прикурил.

— Да нет, пожалуй, — неторопливо ответил он. — Сомневаться у меня оснований нет. Сын у бабы Клавы банальный уголовник, плавно переходящий из зоны в зону и наматывающий срок на срок, а дочка — просто невезучая. Денег ни у того, ни у другого не было и нет. И матери они их, как ты понимаешь, не посылали, особенно в последние три года. А по моим сведениям, именно в последние три года наша бабуля стала богатеть не по дням, а по часам, и богатство это ей приносят в клювике какие-то сомнительного вида личности. Улавливаешь, к чему я клоню?

— Улавливаю, только я понять не могу, какого рода преступным бизнесом

могла заниматься тихая приличная пенсионерка, которая почти всегда или дома, или на лавочке возле дома, или у приятельниц в соседних домах. Я же был у нее в квартире, там подпольным борделем и не пахнет. И никакого подпольного производства, как у ее соседа Вяткина, тоже нет. За что же такие деньги?

— А мы это узнаем, Серега, легко и просто. Только терпения наберемся. Ты кому-нибудь говорил о том, что Романова в больнице?

— Только той тетке, которая по телефону позвонила.

— Больше никому?

— Вроде нет. — Зарубин задумался на секунду, потом сказал уже уверенно: — Точно нет. Никому.

— Теперь самое главное — узнать, не позвонила ли наша бабуля из больницы и не предупредила ли, что ее дома не будет. Серега, ноги в руки — и бегом в больницу, узнай все, что можно. И договорись с

врачами, чтобы ее не выписывали хотя бы еще недельку. А я пока замену найду.

Через три часа Сергей Зарубин сообщил, что попыток позвонить с сестринского поста больная Романова не предпринимала, а что касается висящего на лестнице телефона-автомата, предназначенного для пациентов, то тут гарантий никто дать не может. Медперсонал за автоматом не следит, а больных опрашивать опасно — могут продать.

— Значит, пятьдесят на пятьдесят, — уныло произнес Селуянов. — Будем пробовать, другого выхода нет. Аська ей ключи, конечно, вернула?

— Конечно, — кивнул Сергей, — на следующее же утро. Пошла в больницу, как и обещала Романовой, и отдала вместе с кремами.

— А ты что?

— Ну, Коля, я ж не совсем тупой, — усмехнулся Зарубин и вытащил из кармана дубликат ключа от квартиры Клавдии Никифоровны.

* * *

В больничной палате на первый взгляд ничего не изменилось. Все те же пять коек, на каждой лежат люди, а рядом сидят посетители. В углу у окна — Денис, рядом с ним Артем. Но уже в следующую секунду Настя поняла, что все не так, как было в прошлый раз. Денис уже не лежал, а сидел в постели, и лицо его было оживленным и одновременно сосредоточенным, тогда как Артем смотрел на друга с удивлением и восхищением. Все понятно, Вадим уже побывал здесь, и первые результаты налицо.

— Здравствуйте, — первым поздоровался Денис. — Артем, это Анастасия Павловна пришла.

— Здравствуйте, молодые люди, — откликнулась Настя. — Как у вас дела?

— Замечательно! — возбужденно заговорил Артем. — Вы не представляете, что происходит. Оказывается, Денис был знаком с одним человеком, который работа-

ет в Центре защиты от стресса. Этот человек навещал здесь знакомого и увидел Дениса. Они разговорились, я пожаловался на то, что Денис очень медленно поправляется, и этот человек, Вадим, сказал, что может помочь.

Артем прекрасно вел свою партию, делая вид, что впервые обсуждает это с Настей, и рассказывая ей во всех подробностях то, что совсем недавно уже излагал, когда они гуляли по улице. Настя, хорошо помнившая концепцию саморегуляции еще по книге и прошлым телевизионным передачам, внимательно слушала, притворяясь непосвященной.

— Оказывается, наш организм полностью управляется мозгом, представляете? Любую функцию любого органа можно контролировать самостоятельно. Денис раньше, еще до ранения, делал упражнения, у него механизм управления руками и ногами уже был включен, поэтому сейчас все пошло так легко, что в это невоз-

можно поверить. У него же швы совсем не заживали, а теперь рубцевание происходит прямо на глазах. Врачи как с ума посходили, все бегают на Дениса смотреть, друг другу показывают, головами качают, никто ничего понять не может.

Настя перевела взгляд на Дениса. Тот сидел сияющий и гордый, и в его глазах она не увидела той неприязни, которая так резанула ее в прошлый раз. Он в центре внимания, Артем взахлеб рассказывает о нем, о его болезни и его успехах, и даже ненавистная Каменская слушает развесив уши. Впрочем, чего ее ненавидеть? Она отныне ему не помеха, она уже никогда не сможет затмить его и отнять любовь и внимание Артема, потому что он, Денис Баженов, знает и умеет то, чего не знает и не умеет ни она, ни даже сам Артем.

«Ну и слава богу, — с облегчением подумала Настя, угощая юношей бананами и апельсинами. — Дело сделано, мальчик идет на поправку, ревность умерла. Прав-

да, временно, все равно появится еще какой-нибудь человек, который обязательно привлечет внимание Артема, может быть, девушка. Но, во-первых, Денис к этому времени станет немного старше и, будем надеяться, мудрее или хотя бы терпимее. Во-вторых, он и сам может влюбиться или заинтересоваться кем-то и тогда сможет посмотреть на ситуацию с другой стороны. А в-третьих и в-главных, он поправляется. Было бы здоровье, остальное приложится. В любом случае надо помнить, что все бывает очень страшно и тяжело только в первый раз, потом душа обретает умение с этим как-то справляться».

Она вышла на улицу с легким сердцем.

Глава 13

«Почему он ничего не сказал своим клиентам? Почему Храмов промолчал? Почему сказал, что все в порядке и дело движется?»

Вопрос застрял у Насти в голове так прочно, что ни о чем другом она думать уже не могла. Ей казалось, что если она найдет ответ, то поймет тайну убийства Елены Дударевой.

С этим вопросом она заснула, с ним же и проснулась, привезла его на работу, удобно расположила вместе с собой за столом и даже предложила ему выпить вместе кофе. Может, от чашечки хорошего кофе вопрос подобреет и даст ей ответ? Но от кофе он отказался, смотрел на Настю холодными немигающими глазками и молчал, словно хотел сказать: «Да, я такой. Я есть. Я непростой. Но помогать тебе я не стану, ищи ответ сама».

И Настя искала. Первым делом она постаралась перевоплотиться в Храмова, потому что одной из грубейших ошибок является поиск ответа с позиции «я бы на его месте». Человек, который так рассуждает, никогда не проникнет в чужую тайну и не поймет чужих поступков. Потому

что поступки эти совершены тем, КОГО нужно понять, а не тем, КТО пытается понять. Разные характеры, разные судьбы, разные мозги, разные привычки — все это лежит в основе того, что люди в одних и тех же ситуациях совершают разные поступки и по-разному реагируют на одни и те же события и факты.

«Я работала в уголовном розыске... Сколько лет я там проработала? Надо узнать точно».

На листе бумаги появилась первая запись: узнать, сколько лет Храмов работал в розыске.

«Я проработала столько-то лет в...»

Тут же рядом появились другие слова: сколько лет и где конкретно он работал.

«Я была нормальным сыщиком, с работой справлялась...»

Третий вопрос: служебная характеристика Храмова и отзывы коллег. Почему он ушел на вольные адвокатские хлеба?

За деньгами и свободой? Или потому, что с работой в розыске не справлялся?

«Итак, будем считать по минимуму. С работой я не справлялась, раскрывать преступления так и не научилась, коллеги смотрели на меня косо, но юристом я была все-таки хорошим, ведь быть грамотным юристом — совсем не то же самое, что быть хорошим сыщиком. Я поняла, что из розыска надо уходить, чтобы не позориться, и заниматься чем-то другим. Чем, например? Идти юристом в фирму? Не та специализация, в фирмах нужны цивилисты, знающие гражданское и финансовое право, а у меня — уголовное право и процесс. Переучиваться не хочется. Значит, можно заняться адвокатской практикой по уголовным делам, тем более мне как сыщику хорошо известны особенности, хитрости и трудности раскрытия и расследования преступлений. За два года работы адвокатом я кое в чем поднаторела, у меня появились клиенты

и выигранные дела, а значит — и деньги, я могу считать, что в этом смысле у меня все в порядке. И вот ко мне обращается очередной клиент, излагает свое дело, я предлагаю ему стратегию защиты, он соглашается, я начинаю работать на эту стратегию и вдруг вижу, что моих усилий совершенно не требуется. Потому что то, чего мне хотелось добиться путем работы со свидетелями, уже и без того существует. Само по себе. И добиваться ничего не нужно. Что я почувствовала? Радость оттого, что все так легко и без усилий получилось и можно временно отдыхать? Возможно. И я вполне могу позволить себе в этой ситуации съездить в отпуск недельки на три-четыре, а явиться только в суд, который еще неизвестно когда будет. Слупить с клиента денежки за якобы проведенную мною многотрудную работу и лечь пузом на горячий песочек. Отлично! Но зачем же от дела-то при этом отказываться? И вдобавок предлагать клиенту вер-

нуть аванс... Тупик. Этим путем мы не пойдем. Попробуем другую дорожку. По максимуму.

Я была успешным сыщиком, я очень хорошо работала, я отлично умела раскрывать преступления. По каким-то причинам я ушла из милиции и занялась адвокатской практикой, вероятнее всего, мне нужны были деньги, потому что ни по какой другой причине настоящий успешный опер свою работу не бросит. Хороший оперативник — это изящно придуманные и остроумно проведенные комбинации, это быстро и удачно раскрытые сложные преступления, это такое захлестывающее чувство радости от того, что ты сумел, догадался, опередил, перехитрил, быстрее добежал... Это наркотик успеха, отказаться от которого многим не под силу, да и не нужно отказываться. От этого наркотика не умирают. Человек, который стал хорошим оперативником, должен был им родиться, он должен иметь совер-

шенно особый характер, особый темперамент, особый стиль мышления. И все это останется с ним, какой бы другой деятельностью он ни занялся. Он опером родился, опером и умрет, даже если станет вышибалой в казино или помощником машиниста электропоезда. Предположим, я именно такая. И тогда все то, что я услышу от приятельниц Елены Дударевой и Ольги Ермиловой, мне совсем не понравится. Потому что у меня сыщицкие мозги, потому что я бываю не в меру подозрительна и потому что меня всегда очень смущает и нервирует чрезмерная гладкость и связность событий. И что я в таком случае делаю? Правильно, я была и остаюсь в душе сыщиком, а одна из заповедей оперативной работы — молчать до тех пор, пока к стенке не припрут. Ни с кем ничем не делиться. Никому ничего не говорить, если в этом нет острой необходимости. Самый страшный враг оперативника — утечка информации. Поэтому

я молчу и своим клиентам ничего о возникших сомнениях не говорю. А что я делаю дальше? Правильно, я начинаю свои сомнения проверять. И как я это делаю? А так, как привыкла, когда еще в уголовном розыске работала. Сыщик я, в конце-то концов, или где? Я начинаю собирать информацию по своим каналам. По каким именно? У сыщика два первоочередных источника информации: официально-служебный, то бишь коллеги в своей и других службах, и служебно-личный, завуалированно именуемый спецаппаратом. Человек, два года проработавший адвокатом, свой спецаппарат уже скорее всего потерял. А вот друзья и приятели в милиции остались. К ним и побегу.

Ясно тебе, Каменская, где искать ответ?»

Настя залпом допила свой кофе и демонстративно громко стукнула чашкой прямо перед тем местом на столе, где, по ее задумке, должен был лежать принесен-

ный из дома вопрос с холодными немигающими глазками.

— И без тебя обошлась, — презрительно произнесла она. — Ну и сиди тут, зловредина. Я посмотрю, какая у тебя рожа будет, когда я сама ответ найду.

Дверь тихонько приоткрылась, в кабинет проскользнул Коротков и быстро повернул ключ в замке.

— Ты с кем тут разговариваешь? — шепотом спросил он. — По телефону, что ли?

— Нет, сама с собой, — ответила Настя нормальным голосом.

— Тише ты! Там генералы по коридору шастают, не ровен час еще в кабинет ткнутся.

— Ну и пусть, — Настя пожала плечами, но голос на всякий случай понизила. — Мы же здесь не водку пьем и не в карты играем.

— Много ты понимаешь в генералах-то. Если они захотят, так к чему угодно прицепятся, и что куришь в кабинете, и

что кофе пьешь, и что кипятильником пользуешься, хотя пожарные запрещают. Лучше не нарываться. Кофейку налей, а?

— Коротков, — Настя тихонько засмеялась, — ты теперь такой крутой босс, тебе положено иметь секретаршу, которая будет кофе заваривать и подносить в красивой чашечке, а ты по-плебейски побираешься у подчиненных.

— Жадничаешь, да?

— Скорее вредничаю. Колобок не звонил?

— Ну конечно, он не позвонит, дожидайся! Кажинный день меня за нервные окончания дергает. Боится, что я без него отдел распущу.

— Когда он приедет?

— Через два дня. А ты что, уже соскучилась? Или тебе под моим чутким руководством плохо работается?

Настя не ответила. Она достала банку с кофе и коробку с сахаром, поставила

перед Коротковым чистую чашку и кружку с только что закипевшей водой.

— Наливай-насыпай, у нас самообслуживание. И как ты есть мой начальник, то ставлю тебя в известность, что я собираюсь ехать туда, где раньше работал адвокат Храмов.

— Зачем? Что ты хочешь там найти?

— Я хочу узнать, не пытался ли он в последние несколько дней перед гибелью внепланово пообщаться со своими бывшими коллегами и кое-что у них выяснить.

— А почему именно внепланово?

— Потому что если он с ними в принципе отношения поддерживает, то участвует в днях рождениях и праздновании всяких событий типа Дня милиции или присвоения очередного звания. Это я называю плановыми контактами. А внепланово — это означает, что он вдруг позвонил и задал какой-то вопрос. Или два вопроса.

— Ага, или три, — поддакнул Юра, делая слишком большой глоток и обжигаясь. — Черт, горячо. Так вот, как я есть твой начальник, то имею право знать, какие идеи пришли в твою больную голову.

— Почему это больную? — удивилась Настя. — У меня с головой все в порядке.

— Как же в порядке, когда ты сама с собой разговариваешь?

— Да это я так, для образности. Мысли вслух. А идея у меня примитивно простая...

Пока Коротков допивал кофе, она коротко, но последовательно изложила ему суть своих недавних рассуждений. Правда, теперь, произнесенные вслух, эти логические построения уже не казались ей столь убедительными и безупречными. Настя снова начала сомневаться.

— То есть, как я понял из твоего бессвязного бормотания, у тебя две версии. Первая связана с тем, что Храмов был средненьким опером или даже вовсе ни-

кудышным, и тогда ты ничего не понимаешь. Вторая версия исходит из того, что Храмов был хорошим опером, правильно?

— Правильно. Тебе не нравится? — робко спросила она. — Тебе кажется, что это слабая конструкция?

— Нормальная. Спасибо, подруга Павловна, за кофий, был он исключительных вкусовых качеств. А насчет Храмова я уже узнавал, так что могу немного облегчить твою тяжелую умственную жизнь. Толя Храмов был хорошим опером. И я готов с тобой согласиться в том, что если его что-то насторожило, то он в первую очередь побежит к своим друзьям в милицию и попытается собрать какую-нибудь информацию. Но мыслишь ты как-то однобоко. Я понимаю, ты увлеклась своими умопостроениями, но за всем этим интеллектуальным пиршеством ты забыла о других полезных вещах.

— Например?

— Например, о том, что убийство Хра-

мова совсем не обязательно связано с убийством Дударевой. С чего ты вообще это взяла, подруга дорогая? Разве у адвоката и бывшего сыскаря мало поводов быть убитым? Что у нас Храмов — ангел с крылышками, не имеющий врагов и недоброжелателей? Как я есть твой начальник...

— Вот как ты есть мой начальник, — перебила его Настя, — так ты и распорядись, чтобы эти версии отрабатывались. У тебя вон целый отдел в подчинении, и в отсутствие Колобка ты у нас единоличный царь и бог. Только не вздумай распоряжаться исключительно в мой адрес. Я понимаю, Юрик, у тебя трудности роста, ты молодой руководитель, вышедший из наших рядов, и отдавать приказы тебе неудобно. Знаешь, есть такое слово «стрёмно». Так вот тебе стрёмно приказывать нам. Ты ждешь, когда мы сами к тебе придем и предложим, а ты одобришь и согласишься. Получается, что вроде как

мы сами себе работу ищем. Я отношусь к этому с пониманием и сочувствием и прошу у тебя разрешения заниматься своей версией, а другие ты уж поручи кому-нибудь, ладно? Только не мне.

— Веревки ты из меня вьешь, — хмуро проворчал Коротков.

— Я просто пользуюсь тем, что пока еще ты младший по званию. Не плачь, Юрик, скоро ты станешь подполковником, и эта малина закончится. Будешь меня погонять, как пассажир рикшу. Так я пошла?

— Иди уж, ладно.

Коротков подошел к двери и прислушался.

— Ну, что там наши генералы? — спросила Настя.

— Кажется, больше не шастают. По крайней мере, подобострастных голосов в коридоре не слыхать. Да, чуть не забыл спросить, как там Стасов с семейством?

— Хорошо. С Иришкой воюют, все

пытаются ее жизнь устроить. Пора ее познакомить с Мишей Доценко, может, у них сладится.

— А что? — оживился Коротков. — Идея богатая. Ирка будет хорошей милицейской женой, она же вон сколько лет при Татьяне просуществовала, так что в наши трудности легко вникнет. А малыш как?

— Огромный. Вот такой, — Настя широко развела руки. — Ты давно у них не был?

— Месяца два, наверное. Гришка еще не ходил.

— Теперь вовсю топает.

Коротков ушел к себе, а Настя сделала несколько телефонных звонков и отправилась к бывшим коллегам Анатолия Леонидовича Храмова.

По дороге она забежала к эксперту Олегу Зубову.

— Чего пришла? — хмуро встретил ее Зубов. — У меня твоего ничего нет.

— Я знаю. Олеженька, я могу обратиться к тебе с просьбой?

— Через буфет, — традиционно ответил эксперт. — Я бесплатно не подаю.

— Я сбегаю, — согласилась Настя. — Но просьбу-то можно высказать или как?

— Валяй, — милостиво разрешил он.

Оторвавшись от микроскопа, он с наслаждением распрямил плечи и с хрустом потянулся.

— Одни хворобы от такой работы, — пожаловался Олег. — Сидишь целыми днями ссутулившись, или на коленях ползаешь по сырой земле, или...

Это было необходимым элементом общения с Зубовым, и каждый, кто хотел с ним хоть о чем-то словом перемолвиться, должен был набраться мужества и терпеливо выслушать весь пакет жалоб на работу, здоровье, порядки в стране и глобальное потепление в атмосфере. Зубов был очень квалифицированным специалистом и имел право подписи по огром-

ному количеству самых разнообразных экспертиз, поэтому с ним считались и терпели его причуды и несносный характер. Настя испытание выдержала с честью, она просто отключилась и думала о своем.

— Давай свою просьбу, — наконец сказал Олег. — Опять что-нибудь «срочно-секретно-губчека»?

— Да нет, все проще гораздо. Ты Мусина знаешь?

— Эксперта? Знаю. И чего?

— А ты можешь ему позвонить?

— Могу. И зачем?

— Понимаешь, у следователя Гмыри в производстве находится дело, по которому я работаю. Гмырю я с самого утра поймать не могу, а Мусин был на месте происшествия и брал образцы. Я хочу узнать у него результаты. Только он ведь мне не скажет, кто я ему? Мы практически незнакомы.

— Это можно, — с облегчением ответил Зубов. — Труд невелик. В буфет мо-

жешь не бежать, тебе по старой дружбе бесплатно сделаю.

Через десять минут Настя выходила из здания на Петровке, повторяя про себя: «На окурках слюна только Храмова. На одном стакане следы пальцев Храмова, следы его губ и остатки минеральной воды. На другом стакане ничего нет, кроме пальцев Храмова. Даже следов воды. Следов рук, не принадлежащих хозяевам квартиры, на месте преступления достаточно, но это и понятно, учитывая, что Храмов часто принимал клиентов у себя дома. Какие из них принадлежат убийце? Или никакие? Судя по тому, что Храмов поставил гостю стакан, а тот к нему даже не прикоснулся, он был более чем осторожен. Ведь часто случается, что преступник все-таки пьет и ест вместе с будущей жертвой, а потом тщательно моет за собой посуду и уничтожает следы там, где их оставил. Это сразу бывает заметно при осмотре. А убийца Храмова так не сделал.

Он просто постарался не оставлять следов, а те, которые оставил, невозможно вычленить из бесчисленного количества следов, оставленных другими людьми. Храмов две недели жил один, без жены, судя по количеству пыли в квартире, уборку он за это время не делал ни разу, а посетители к нему ходили по нескольку раз в день. И преступник прекрасно понимал, что за две недели в квартире так натоптали и столько всего в нее нанесли, что он может спать спокойно и ни о чем не волноваться. Умная сволочь!»

* * *

И снова Селуянову понадобилась помощь Ивана Федоровича. Булгаков обладал отменной памятью, в том числе и зрительной, лица запоминал с первого раза и надолго, и в задуманной комбинации без него было никак не обойтись.

В квартире Клавдии Никифоровны Романовой временно «поселилась» тучная немолодая женщина по имени Лидия

Ивановна, бывший эксперт-криминалист, лет пять назад вышедшая на пенсию. Она должна была вести себя тихо, к телефону не подходить, зато открывать дверь, ежели кто позвонит. Но открывать не всем. Понятное дело, если к тете Клаве заявится кто-то из соседей или приятельниц, то им долго придется объяснять, кто такая эта посторонняя женщина и что она здесь делает. Вранье-то можно любое придумать, и очень даже правдоподобное, но нет никаких гарантий, что ожившая после приступа Клавдия Никифоровна не позвонит из больницы как раз этой приятельнице или этим соседям с просьбой, например, привезти ей что-нибудь или просто проверить, не взломана ли дверь в квартиру. И сильно госпожа Романова удивится, узнав от них, что в ее доме находится некая родственница, приехавшая из далекого Иркутска. Поэтому дверь открывать надо было весьма избирательно.

Иван Федорович Булгаков, выполняя

предыдущее задание своего куратора Селуянова, хорошо запомнил лица тех, кого видел возле дома Романовой и возле соседних домов, а также лица ее приятельниц. Его задачей было сидеть во временно свободной квартире Кости Вяткина, поставив стульчик прямо возле входной двери, и внимательно наблюдать в «глазок» за всеми, кто подходит к двери Романовой. Если лицо окажется знакомым, Булгаков при помощи несложного технического устройства должен подать в соседнюю квартиру сигнал, дескать, нельзя открывать, надо сидеть тихо и признаков жизни не подавать. Если к двери подойдет существо, близкое по описанию к тем, кого считали посыльными от горячо любящих детей Романовой, Булгаков должен подать другой сигнал, и бывший эксперт смело откроет дверь и вступит в беседу. Вот и вся премудрость.

В квартире Романовой Лидия Ивановна промучилась два дня, вздрагивая при

каждом звонке в дверь. Она тут же бросала взгляд на примитивную, но надежную технику и видела, что из двух лампочек горит только одна. Стало быть, не то, можно не суетиться. К концу второго дня после очередного звонка загорелись обе лампочки. Лидия Ивановна поправила прическу, одернула кофточку и степенным шагом направилась к двери.

— Кто там? — спросила она для порядка.

— Тетя Клава, я к вам, — послышался тихий неуверенный голос.

Лидия Ивановна распахнула дверь. Перед ней стоял даже не человек, а именно существо. На лбу испарина, в глазах мука и страх. Невооруженным глазом было видно, что у него вот-вот начнется ломка, а может, и началась уже.

— А тетя Клава где? — растерянно спросило существо.

— Нет ее, сынок, — ответила Лидия Ивановна как можно приветливее. — Она

дня через два-три будет. А ты что хотел-то? Может, я чем помогу?

— Я хотел... это... ну как его... А где тетя Клава?

«Совсем плохой, — с сочувствием подумала бывший эксперт. — Даже слова плохо понимает. Конечно, куда ему слова понимать, у него все умственные силы на борьбу со страхом уходят».

— Сыночек, — ласково сказала она, — я же тебе говорю, Клавочка будет через два-три дня. Сейчас ее нет дома. Да ты проходи, милый, посиди, вон ты как плохо выглядишь. Сердцем маешься, да? Пройди в комнату, присядь, я тебе валокординчику накапаю.

— Не... мне это... А вы не знаете, где?..

— Что, миленький? — терпеливо спросила Лидия Ивановна. — Что «это»? Ты потерял что-то?

В глазах существа мелькнуло просветление. Он, похоже, огромным усилием

воли собрал остатки разума, чтобы взять себя в руки и не наделать глупостей.

— Извините, — сказало оно более или менее человеческим голосом, — простите за беспокойство, я в другой раз зайду.

— Ну как знаешь, сынок, — покачала головой Лидия Ивановна. — А то зашел бы, отсиделся, не дай бог на улице свалишься. На тебя же смотреть страшно, ты ж больной совсем.

— Нет, спасибо, со мной все в порядке, — не очень внятно произнесло существо. — До свидания.

Лидия Ивановна закрыла дверь и вернулась в комнату. Окна квартиры выходили на ту же сторону, что и подъезд, и ей хорошо был виден давешний посетитель, неровной походкой удалявшийся в сторону соседнего подъезда. Она видела, как он вошел туда, через несколько минут вышел и зашагал к дому напротив. Из дома напротив он переместился в дом, стоящий слева. Следом за ним на некотором

расстоянии двигался Сергей Зарубин. Она сняла телефонную трубку.

— Коля? Это Лидия Ивановна. Выпускай меня отсюда, картина ясная. Твоя фигурантка — сбытчица наркотиков.

* * *

— Во дает старуха! — восхищенно покачал головой Селуянов. — Ну кто бы мог подумать, такая приличная с виду бабка. Квартиру можно не обыскивать, там наверняка ничего нет. Рассовывает небось по захоронкам в окрестных домах. Старый приемчик, плавали, знаем. То-то ее гость отправился по привычным местам искать, может, где чего завалялось.

Прием был действительно старым и хорошо известным в среде мелких торговцев наркотиками. Ни один здравомыслящий торговец никогда не будет держать товар при себе. Пакетики с зельем прячутся заранее в разных симпатичных местах поблизости от местонахождения про-

давца. Покупатель подходит к продавцу, платит деньги и получает в ответ заветные слова с указанием, где лежит доза. Идет и берет. Какая бы крутая милиция ни нагрянула, доказать, что между мирно гуляющим продавцом и невесть где спрятанным наркотиком есть хоть какая-нибудь связь, невозможно. Клавдия Никифоровна тоже дома товар не держала, не вчера на свет родилась. Она заранее раскладывала его за батареи и в разные потайные местечки в соседних подъездах и пришедшему покупателю просто говорила, где спрятан заветный пакетик.

— Вот откуда ее благосостояние. Небось и соседу своему Вяткину тоже она поставляла, — сказал Гмыря. — А что Серега? Нет от него вестей?

— Пока нет. Но я думаю, он вот-вот появится, времени-то много прошло.

Селуянов не ошибся, не прошло и пятнадцати минут, как Зарубин ураганом ворвался в кабинет следователя.

— Угадайте с трех раз, кто такой был бабкин клиент, — торжественно заявил он. — Обхохочетесь.

— Ты цирк здесь не устраивай, — сердито оборвал его Гмыря. — Докладывай.

Сергей вмиг посерьезнел, но было видно, что расстроился. Ему хотелось преподнести свою новость красиво, а следователь, как всегда, оборвал полет и испортил весь праздник.

— Работает уличным продавцом в фирме «Мелодия-Плюс», — ровным голосом доложил Зарубин. — Сидит на героине.

— Опа! — торжествующе воскликнул Николай. — Теперь технология ясна. Это они так деньги отмывают, сукины дети.

— Почему деньги отмывают? — не понял Зарубин.

— Молодой ты еще, Серега, — вздохнул Гмыря, — учись у нас с Селуяновым, пока мы живы, ума набирайся. Фирма «Мелодия-Плюс» является крупным покупателем наркотиков. Но, помимо этого,

она еще и музыкой торгует. До этого места понятно?

— Ну что вы издеваетесь, Борис Витальевич, — обиделся Зарубин, — я же не совсем тупой.

— Я не издеваюсь, я веду себя как хороший педагог и стараюсь, чтобы мой ученик понял мои объяснения. Идем дальше. Музыкальная фирма не только торгует своей музыкой, но еще и производит ее без лицензии. Таким способом она тоже деньги зарабатывает. Вот, значит, наняла фирма на работу, во-первых, продавцов, которые с лотков торгуют, а во-вторых, производителей, которые, сидючи у себя дома, переписывают кассеты в товарных количествах. Производителю привозят чистые кассеты и оригиналы, а забирают кассеты с записью и пускают в продажу со своих лотков в общей куче с нормальными, лицензионными кассетами. Пока все понятно? Пошли дальше. Производителям надо зарплату платить? Надо. Про-

давцам надо? Тоже надо. Из каких денег платится заработная плата наемному рабочему? Правильно, продавцу платят по бухгалтерской ведомости из прибыли от продажи кассет. Производителю левого товара, конечно, по ведомости зарплату не выдают, ему платят черным налом, но все равно из прибыли. А если наемный рабочий у нас наркоман? Он зарплату свою получит и почти всю ее на наркотики и профукает. Теперь представь себе, что у фирмы есть собственные наркотики и собственная сеть сбытчиков, и наемные рабочие покупают наркотики только в этой сети и больше нигде. Что получается? Получается, что фирма заработала официальные денежки, официально списала их со своего счета на зарплату продавцам и перед всеми проверками и инспекциями она чиста, как девственница. А о том, что выданные в виде зарплаты деньги тут же возвращаются в фирму, потому что на них у фирмы же куплены наркотики, ни-

кто никогда не догадается. Дошло? Это они еще осторожничают, сбытчиков держат, чтобы бедные наемные рабочие никогда не догадались, у кого товар на самом деле покупают. А то ведь не ровен час проболтаются где-нибудь. Другие фирмы более нагло действуют, они вообще зарплату наркотиками выдают. Таких в одной Москве штук пять уже накрыли.

— Так что же получается, Романова работала на эту фирму? — недоверчиво спросил Зарубин.

— Получается, — подтвердил Селуянов. — Борис Витальевич уже в управление по борьбе с наркотиками позвонил, они своих ребят послали проверить все подъезды в доме Романовой и в домах, где живут ее ближайшие подружки. Пошла в гости, по пути дозы попрятала, никто и не удивляется, если ее в подъезде встретит, она же к подруге идет. Уверен, что они там много чего найдут интересного. Другой вопрос, зачем Романова да-

вала нам ложные показания и опознавала Дударева. Кто ее подкупил?

— Да ясно, кто, — брезгливо поморщился следователь, — фирма же и подкупила. Убийца Елены Дударевой работал на эту богомерзкую «Мелодию» с плюсом, парень, пытавшийся убить Дениса Баженова, работал там же, сегодняшний клиент Романовой — тоже оттуда. Совершенно очевидно, что убийство Дударевой плотно завязано на фирму, хотя сами они никакого интереса убивать ее не имели. Кто-то их нанял. Мальчики, ищите связи Дударева с «Мелодией», они должны быть. Мы чего-то не видим, чего-то очень простого, оно прямо у нас перед носом, а мы ушами хлопаем. Должен быть контакт Дударева с фирмой, вы слышите? Его не может не быть, и то, что мы его до сих пор не обнаружили, это исключительно наша вина. В фирме или около нее должен быть тот самый посредник, который по поручению Дударева сделал заказ Вяткину и

который потом подсунул бабке Романовой фотографию самого Дударева. Как хотите вычисляйте его, но найдите. Все поняли?

Селуянов нехотя встал, с сожалением думая о том, что нужно опять бежать туда, не знаю куда, по этой изнуряющей жаре. В кабинете Гмыри, конечно, тоже газовая камера, но тут хоть сидеть можно, не двигаться. Все легче.

— Пошли, Серега, — вяло скомандовал он Зарубину. — Будем выполнять указания процессуального лица.

— И не язви! — кинул ему вдогонку Гмыря.

* * *

На разговоры с бывшими коллегами Храмова по работе в уголовном розыске у Насти ушло немало времени. Все они отзывались об Анатолии Леонидовиче очень тепло и искренне горевали по поводу его трагической смерти. Выяснить удалось только одно: за несколько дней до убий-

ства он обращался к ним с вопросом, нет ли у них хороших контактов в управлении собственной безопасности МВД. Один оперативник сказал, что у него там работает давний знакомый, и попытался ему позвонить, но тот оказался в отпуске. Что ж, дело естественное — лето. Другому повезло больше, он разыскал своего товарища, недавно перешедшего на службу в это управление, и попросил его по дружбе встретиться с Храмовым и помочь, если будет такая возможность. Фамилия этого товарища Перетурин.

Но товарища Перетурина застать на работе не удалось, поскольку номер его служебного телефона Настя получила только в восьмом часу вечера. Ладно, подумала она, отложим до утра, а пока подумаем и прикинем, что могло так заинтересовать адвоката, занятого защитой по делу об убийстве, совершенном бывшим военнослужащим, в подразделении Министерства внутренних дел, занятом вы-

явлением и борьбой с коррупцией в милицейских рядах. Где поп, а где приход...

На следующее утро она явилась в управление собственной безопасности и спросила, как ей найти майора Перетурина. Майор Перетурин выслушал Настины вопросы с некоторым недоумением и даже неудовольствием.

— Да, был звонок от моего товарища из уголовного розыска, и я согласился встретиться с этим, как его, Храмовым. Храмов мне позвонил, я предложил ему приехать ко мне на службу. Он приехал, позвонил из бюро пропусков, я заказал ему пропуск и объяснил, где меня найти, но до моего кабинета он добрался только через полчаса. Я уже собирался было сказать ему, что полчаса из времени, отведенного на эту встречу, он уже прогулял, но Храмов опередил меня, вежливо извинился и сказал, что напрасно меня побеспокоил и что он все свои вопросы уже решил. Ну, решил так решил, баба с возу — кобыле легче.

— А где он был эти полчаса, вы не знаете? — без всякой надежды спросила Настя.

Перетурин пожал плечами.

— Понятия не имею, не интересовался, — равнодушно ответил он.

Настя отправилась к начальнику дежурной части, который оказался далеко не таким равнодушным, как Перетурин, тем более что улыбаться ему Настя постаралась как можно обаятельнее. Он с пониманием отнесся к ее просьбе проверить, каким временем и кем из сотрудников управления отмечен пропуск, выписанный Анатолию Леонидовичу Храмову. Через двадцать минут пропуск нашли. Выписан он был в пятнадцать часов десять минут к майору Перетурину, а отмечен на выходе в восемнадцать сорок пять непонятно кем, подпись неразборчива, но она принадлежит явно не Перетурину.

— А кому? — глупо спросила Настя.

— Или мы не милиционеры? — хитро

подмигнул начальник дежурной части. — Пойдемте в мой кабинет, я вам чайку налью, у меня печенье есть вкусное. Разберемся. Как это так, чтобы по управлению гражданский человек три с половиной часа гулял, и мы не узнали, где и с кем. Непорядочек.

Настя с удовольствием, несмотря на жару, выпила гостеприимно предложенный чай с печеньем, мило болтала с дружелюбно настроенным начальником, а еще через час им сообщили, что подпись на пропуске принадлежит капитану Мызину. Мызин сейчас на месте, с ним можно побеседовать, если есть необходимость.

...Несколько дней назад Мызин как раз возвращался с обеда, когда столкнулся в коридоре с Толиком Храмовым. Они не виделись три года. Во времена их прошлых встреч Храмов был опером, а Мызин — участковым.

— Здорово! — радостно закричал Мы-

зин, крепко пожимая руку старому знакомому. — Какими судьбами? Ты где сейчас?

— Я уволился, — ответил Храмов, — больше не служу. В адвокатуру подался. А ты?

— А я вот теперь здесь штаны протираю.

— И как оно тебе? — поинтересовался Храмов. — Приятно?

— Да куда уж там, — посетовал Мызин. — Мой участок — следственный комитет, а со следователями сам знаешь, каково дело иметь.

Они поболтали какое-то время, стоя в коридоре, повспоминали общих знакомых. Мызин, попавший в управление собственной безопасности по большому блату и абсолютно ничего не смысливший в оперативной работе, решил использовать визит Храмова по полной программе. Он понимал, что не умеет работать с информацией и не знает, как и что с ней нужно

делать, но поскольку тот, кто устраивал его по большой протекции, рекомендовал Мызина как толкового и грамотного сотрудника, без которого вся идея собственной безопасности МВД просто умрет на корню, то ему было неловко и неприятно советоваться с другими, просить что-то объяснить и чему-то научить. Он строил из себя всезнающего и опытного работника, каждый день ожидая с отчаянием какой-нибудь неприятности из-за неверного шага. А тут Храмов подвернулся, ну надо же, как удачно. Можно хотя бы азы у него выспросить, перед ним-то не стыдно, он же не коллега по работе и не знает, каким блатным путем Мызина сюда пропихнули прямиком из участковых.

Мызин повел Анатолия к себе, но Храмов, дойдя до его кабинета, вдруг остановился.

— Саша, я через пять минут подойду, хорошо?

— А что случилось?

— Да в туалет мне надо, — со смущенной улыбкой объяснил Храмов.

— А-а, ладно. Куда идти, знаешь?

— Найду.

Через несколько минут Храмов вернулся к нему в кабинет. Мызин тут же решил брать быка за рога и стал жаловаться на трудности, Анатолий отнесся вроде бы сочувственно.

— Да, — говорил он, качая головой, — против своих собирать информацию трудно и противно, тут я с тобой согласен. А иногда такие гниды попадаются, прямо хоть стой — хоть падай, и ведь не скрывает, гад, что берет взятки, в глаза тебе нагло смотрит и признается, потому что понимает, что тебе ни в жизнь этого не доказать. Особенно следователи этим славятся, они ж по части доказывания крупные спецы, их на мякине не проведешь. Вот я тебе пример приведу. Есть такой следователь Михаил Михайлович Ермилов, в

Центральном округе работает. И ведь все знают, что он за деньги уголовные дела прикрывает, а доказать невозможно. У вас на него небось тонна информации собрана, а задокументировать как следует и реализовать ее не можете. Ведь так?

— Точно, — подтвердил Мызин, — замазан этот Ермилов по самое некуда. На него уже давно есть информация, что он какую-то фирму прикрывает.

Слово за слово, Храмов посоветовал своему знакомому поднять материалы на Ермилова и пообещал на этом примере показать некоторые основы работы. Мызин так и сделал. На следующий день они встретились снова, на этот раз пили пиво дома у Храмова, и Анатолий провел для Мызина открытый урок мастерства. Как раз на примере материалов, собранных на следователя Ермилова...

Конечно, Насте он рассказывал все не так откровенно, но ей и без того было понятно, как все произошло. Храмов, буду-

чи опытным оперативником, раскрутил недавнего участкового как мальчишку. Он открыто блефовал, и это сработало.

— Какую фирму прикрывает Ермилов? — спросила она Мызина.

— Нам не положено разглашать, — строго ответил он.

— Да бросьте вы, — Настя поморщилась, — все равно ведь Храмову рассказали, все инструкции обращения со служебной информацией нарушили. Теперь мне скажите. Я все-таки не человек с улицы, как Храмов, а подполковник милиции.

В этот момент она подумала, что в высоком офицерском звании есть свои преимущества. Во всяком случае, с капитанами разговаривать помогает.

— Говорите, Мызин, не стесняйтесь, я никому не скажу. Вы же нормальный торговец, вы продали Храмову информацию в обмен на его квалифицированную консультацию, ведь так? Теперь продайте ее мне в обмен на мое обещание никому ни-

когда не рассказывать о том, что вы сотворили, разгласив то, что разглашать не положено. Давайте, давайте, это не больно. Помните, как у Булгакова? Правду говорить легко и приятно. Что там у Ермилова случилось?

Мызин, неохотно выдавливая из себя слова, поведал, что около года тому назад следователь Михаил Ермилов вел дело о нападении на офис одной фирмы и избиении охранника. Дело было плевое, потому что с самого начала было понятно, чьих рук эта работа, там дележка сфер торговли шла. Однако в процессе расследования Ермилов за что-то зацепился и стал раскручивать уже не тех, кто разгромил офис и избил охранника, а потерпевшую сторону. Чего-то он там нарыл такого серьезного, а потом к нему в кабинет пришел руководитель этой фирмы и предложил расстаться друзьями. Ермилов согласился. Денег вроде бы не взял, сошлись на том, что фирма теперь — его должник.

— Как фирма называется? — спросила Настя для проформы, потому что уже знала ответ.

— «Мелодия-Плюс».

Глава 14

— Не может быть, чтобы все было так, как ты говоришь, — покачал головой Коротков. — Храмов должен был знать что-то еще, чтобы догадаться про Ермилова. Ведь мы же не догадались, хотя Коля Селуянов прошел весь тот же путь, что и Храмов, по всем возможным и невозможным свидетельницам. Значит, была еще какая-то хитрость, о которой мы пока не знаем.

— Да не было там никакой хитрости, Юра, — устало сказала Настя. — Храмов знал в точности все то же самое, что узнали мы. Просто у него глаза не зашоренные.

Она чувствовала себя совершенно измученной. То, что рассказал ей капитан

Мызин из управления собственной безопасности, ударило ее как обухом по голове, даже сердце разболелось. Конечно, преступники в милицейских рядах — далеко не новость, но отчего-то каждый раз Насте делалось от этого так больно, что она даже дышать не могла. Именно это отчаянное нежелание допустить мысль о том, что искомый преступник ходит рядом по тем же коридорам и покупает булочки в том же буфете, что и ты, и мешало им сразу увидеть и понять то, что увидел и понял адвокат Храмов. Преступника ищут где угодно, только не среди своих, и не видят очевидного, и не замечают того, что невозможно не заметить сторонним взглядом. Свой — он и есть свой, он неприкасаемый, он, как жена Цезаря, вне подозрений. Для Анатолия Храмова, два года назад ушедшего из милиции на гражданку, следователь Ермилов уже не был своим, он был точно таким же, как любой другой гражданин страны, и его легко

можно было подозревать в чем угодно, если были к тому хотя бы малейшие основания.

— Как ты думаешь, Ермилов знал, что адвокат отказался от дела? — спросил Коротков.

Настя кивнула.

— Знал, ему Ольга Васильевна сказала, она просила его помочь найти другого адвоката. Ермилов же не дурак, это Ольге можно навешать лапши о срочных семейных обстоятельствах, а следователь сразу понял, что здесь что-то не так, не отказываются адвокаты от дела без серьезных причин. Я думаю, он пошел к Храмову выяснять, что случилось, и сразу понял, что адвокат обо всем догадался. Ты помнишь, сколько Храмов сигарет выкурил и сколько воды выпил? Только идиот не понял бы, что он ужасно нервничает и безумно боится своего посетителя. И Ермилов это понял, у него же мышление в точности такое, как у нас с тобой. Мы это

поняли по следам, а он видел своими глазами. Он сообразил, что раз Храмов отказался от дела и так панически боится мужа своей клиентки, то Анатолий Леонидович узнал правду про него. Потому и от дела отказался. Он не самоубийца связываться с таким типом, как Ермилов. Он же не герой-одиночка и не борец за идеалы правосудия, он самый обычный адвокат, у которого к тому же беременная жена, и он должен, он просто обязан заботиться о сохранении собственной жизни. Если он попытается разоблачить Ермилова, то может очень быстро и бесславно умереть, и кому от этого будет лучше? Беременной жене? Ребенку, который родится у молодой вдовы?

— Убедительно, но умозрительно, — с сомнением произнес Коротков. — Ты сейчас как Ниро Вульф выступаешь, подумала-подумала, проанализировала косвенные улики и составила предположи-

тельную картину преступления. А где факты? Где доказательства?

— Нигде. Нет у меня доказательств. Но и ты, между прочим, не следователь, зачем тебе доказательства? Тебе правда нужна. Пусть голова у Гмыри болит. Дело против Ермилова он вести не имеет права, его надо передавать в прокуратуру, но в прокуратуру его можно передать только тогда, когда появятся доказательства вины Ермилова или хотя бы веские основания подозревать его. Нужно найти хотя бы одно серьезное доказательство для Гмыри — и можно считать, что мы свое отработали. А то ведь Борис Витальевич отправит меня с моими умопостроениями по всем известному адресу. У него глаза такие же зашоренные, как и у нас с тобой, он тоже не поверит, что убийца — из своих.

— И все равно я не понимаю, — упрямо сказал Юрий.

— Чего ты не понимаешь? Я же тебе все на пальцах объяснила.

— Я не понимаю, зачем Ермилову убивать жену Дударева. Хорошо, я готов допустить, что он узнал адрес любовника своей жены, понял, что тот живет в аккурат в том округе, где работает сам Ермилов, и сделал заказ на убийство, которое должно быть совершено в день, когда следователь дежурит и гарантированно выедет на место происшествия. Он же и дело будет возбуждать, и первоначальные следственные действия вести, и свидетелей допросит так, как ему хочется. И в результате постарается засадить любовника своей супруги крепко и надолго путем подтасовки фактов и фальсификации доказательств, а если и не засадить по приговору суда, то продержать под следствием несколько месяцев, чтобы он из камеры вышел полным инвалидом. До этого места я все понимаю. Но я все равно не понимаю, почему надо было убивать жену Дударева.

— А кого, по-твоему, он должен был убить? — спросила Настя.

— Как кого? Дударева, конечно. Самого Дударева. История человечества знает миллионы случаев, когда мужчина убивал своего соперника, но я что-то не слышал, чтобы убивали жену соперника с целью потом этого самого соперника упечь в тюрьму.

— Юрочка, ты никогда не задумывался над тем, что в русском языке ярко проявляется половой шовинизм? — внезапно спросила Настя.

— Чего-чего проявляется?

— Половой шовинизм. В официальном правильном русском языке есть слова, которые с равным успехом могут обозначать и мужчину, и женщину, но все равно эти слова мужского рода. То есть изначально предполагалось, что слово это может относиться только к мужчине. Например, врач, строитель, шофер, инженер. Кстати, и все воинские звания мужского

рода и женской формы не имеют. Мы в разговорной речи, конечно, употребляем слова и «врачиха», и «инженерша», и «полковница», но это именно разговорная речь. В официальных документах так не пишут.

— А ты чего, обиделась, подполковница? Хочешь внести в Думу предложения по реформе русского языка? — поддел ее Коротков.

— А еще есть слова «меценат», «собственник» и «владелец», — продолжала Настя, будто не слыша его ехидной реплики. — И когда их произносят, то все невольно думают о мужчинах. Исторически так складывалось, что собственником и владельцем мог быть только мужчина. Потом жизнь изменилась, а слова остались.

Она говорила негромко и задумчиво, не глядя на Короткова и машинально вертя в руках зажигалку.

— Ну и что? Не пойму я тебя что-то. К чему ты мне этот ликбез устраиваешь?

Я тебя про Ермилова спрашиваю, а ты мне про ущемленное женское самолюбие рассказываешь.

— Это не ликбез, Юра, это ответ на твой вопрос. Ермилов не собирался убивать Елену Петровну. Он хотел убить Дударева. Но, делая заказ, он не назвал конкретного человека, он дал приметы и номер машины и адрес, по которому она паркуется каждый день. И велел убить владельца. Как он мог знать, что в машину на водительское место сядет Елена Петровна? Ведь на машине ездил только Дударев. У Елены даже прав не было. А несчастный Костя Вяткин и знать не знал, что речь идет о мужчине. Ему сказали «владелец», он и подорвал машину, когда в нее сел человек, которого по всем признакам можно было признать за владельца. Костя-то понимал, что за этим словом может стоять в равной мере и мужчина, и женщина.

Коротков подошел к распахнутому на-

стежь окну и попытался вдохнуть хоть немного свежего воздуха, но у него ничего не вышло. Воздух за окном был таким же тяжелым и неподвижным, как в кабинете. Юрий расстегнул рубашку, вытащил из кармана носовой платок, намочил водой из графина и, стоя спиной к Насте, обтер грудь.

— Извини, подруга, организм не выдерживает. Хочешь? — Он протянул ей платок и графин. — Я отвернусь.

— Не надо, я до дома потерплю.

— Не знаешь, когда это кончится? — с тоской спросил Коротков, глядя в светлое еще небо.

— Каждый день обещают, но пока сдвигов не видно.

— Что за жизнь, Ася! Была страна советов, стала страна обещаний. Мало того, что правительство все время что-то обещает и не выполняет, так и синоптики за ними следом такую моду взяли. Мне каждое утро кажется, что еще один день жа-

ры — и я просто умру. И каждый вечер я засыпаю с надеждой, что утром проснусь — а там пасмурно и прохладно. Нет, лучше даже холодно. Градусов двенадцать. Просыпаюсь, высовываюсь в окно и понимаю, что надежда моя была дурацкой, погода — мерзость, а синоптики, которые мне уже две недели подряд обещают грозовые дожди, — сволочи. Сказали бы честно, мол, ребята, не надейтесь понапрасну и бегите-ка из города в другую климатическую зону, потому как в ближайшее время ничего не «подешевеет», градусов меньше не сделается и облегчения вам никакого не предвидится. Неприятно, конечно, но хоть честно, и можно было бы не тешить себя иллюзиями, а спланировать свою жизнь так, чтобы поменьше мучиться. А они что делают? Байками нас кормят. Гнать их всех к чертовой матери надо, вот что я тебе скажу.

Настя украдкой оттянула на груди ворот майки и подула на влажное от пота

тело. На три мгновения стало полегче. Она в целом разделяла ворчливое настроение начальника, только понимала, что говорить об этом и тратить силы на раздражение бессмысленно. Температура воздуха от этого не «подешевеет» и синоптики не перестанут ошибаться. Ей всегда становилось весело при мысли о том, сколько ненужных слов произносят люди в повседневной жизни. Слов, которые ничего не могут изменить и ни на что не могут повлиять. А люди стараются, говорят, вкладывая в свою речь столько эмоций и нервов и наивно полагая, что это поможет.

— Юр, хватит ныть, давай делом займемся, — миролюбиво предложила она. — Ты с ребятами связывался, которые с пиратством борются?

— Связывался.

— Что они рассказывают про «Мелодию-Плюс»?

— Много всякого. Во-первых, парни,

на лотках у которых они накрыли левые кассеты, свою фирму не сдают, несут заранее подготовленный бред о поставщике, который появляется время от времени и сдает товар на реализацию. Бумажку на товар он им показывает, и о том, что кассеты нелицензионные, они и знать не знают. Вранье очевидное, но привязать товар к фирме пока не удается. На фирме, естественно, проводили обыск, но левых кассет не нашли. То ли они их там не хранят, то ли их предупредили заранее, и они все вывезли. Но ребята с обыска вернулись в полном шоке.

— Господи, да чем же этих тертых калачей можно было шокировать? — удивленно спросила Настя.

— А их всегда повергает в транс тот факт, что криминальные структуры оснащены техникой в тысячу раз лучше, чем милиция. Офис у «Мелодии» нашпигован такой техникой, что бедному менту уда-

виться впору от зависти. Там в стенки и в потолок ни одного гвоздя вбить нельзя.

— Почему? — не поняла она.

— Места нет. Все занято самой совершенной техникой, в том числе и направленной на то, чтобы никто снаружи не проник не только бренным телом, но и любопытным глазом или длинным ухом.

— Круто, — покачала головой Настя. — Юра, а ты бы стал встречаться с человеком даже по простому, обычному делу, если бы знал, что у него в комнате все просматривается и прослушивается?

— Что я, псих? — возмутился Коротков. — Я свою частную жизнь оберегаю так же свято, как служебную информацию.

— Правильно, солнце мое незаходящее, и дело тут не в охране частной жизни, а в нормальных человеческих чувствах. Неприятно знать, что тебя записывают, даже если ты спрашиваешь, который час. А теперь ответь мне, любимый на-

чальник, если бы ты сидел в комнате, где все набито техникой, стал бы ты трезвонить об этом каждому входящему?

— Опять же, я не псих. Зачем же мне столько техники, если все будут об этом знать? Нерационально, пустая трата денег. А к чему эти вопросы? Ставишь на мне психологический эксперимент?

— Да что ты, — она улыбнулась, — я просто рассказываю тебе, как мы будем добывать доказательства против Ермилова.

Коротков задумался на несколько секунд, обмахивая потное тело полами расстегнутой рубашки.

— Хитра ты, мать, не по годам. Но ты права, если руководитель фирмы все записывает, то хранит, а не в помойку выбрасывает.

— Данные на Ермилова есть?

— Найдем.

— А на сотрудников «Мелодии-Плюс»?

— У ребят возьмем, они с нами поде-

лятся в благодарность за то, что мы их на фирму навели.

Настя посмотрела на часы.

— Ладно, завтра с утра займемся, сейчас все равно никого не найдешь, уже одиннадцатый час. Пора по домам.

* * *

Михаил Михайлович Ермилов с легким недоумением смотрел на запечатанный конверт, который ему принесли из секретариата. На конверте после адреса и указания его имени и фамилии стояли крупные буквы «ЛИЧНО». Ну, лично так лично, подумал он, вскрывая конверт и разворачивая сложенный пополам листок бумаги.

«Уважаемый гражданин следователь! Не так давно вы обратились в одну контору с просьбой помочь вам в одном грязном дельце. Не думайте, что все шито-крито. У того человека, с которым вы договаривались, все разговоры в офисе записыва-

ются на диктофоны, а всех посетителей рисуют на видео. Так что если вы, уважаемый гражданин следователю, этим вопросом интересуетесь, то поимейте в виду, что эти кассеты у меня есть. Вы пока подумайте, а я вам еще дам знать. С дружеским приветом».

Ермилов похолодел. Но тренированный ум следователя уже начал работу независимо от эмоций. Что это может означать? Вся контора и ее контакты у кого-то под колпаком, у какой-то третьей стороны. Кто-то напичкал фирму своей аппаратурой и регулярно снимает информацию. Это первый вариант. Второй вариант: его шантажирует кто-то из фирмы, скорее всего техник. И третий, он же самый неприятный: его шантажирует сам Варфоломеев.

Михаил Михайлович брезгливо отбросил письмо, но тут же снова схватил его. Что-то в тексте показалось ему неуловимо знакомым, режущим глаз. Он снова

внимательно перечитал каждое слово, машинально отмечая ошибки. «Шито-крыто» написано почему-то через «и», а в словах «уважаемый гражданин следователь» вместо мягкого знака на конце стоит «ю». Ну ладно, «ю» можно напечатать по ошибке вместо мягкого знака, они на клавиатуре совсем рядом находятся, всего через клавишу. Но буква «и» стоит, пожалуй, далековато от «ы», так что за простую опечатку не сойдет. Все ясно, это писал выходец с Украины. В украинском языке есть звук «ы», но буквы такой нет, этот звук обозначается буквой «и», а для звука «и» существует буковка «і». И еще в украинском языке, в отличие от русского, есть звательный падеж, который применяется при словах-обращениях. Если нужно обратиться к девушке по имени Галя, то скажут: «Галю, иди сюда». А если нужно обратиться к следователю, то напишут... Напишут так, как написано в этом письме. Ошибиться Ермилов не мог, он заканчивал

среднюю школу и университет в Киеве и владел украинским языком свободно.

Значит, это не Варфоломеев. Тот чистокровный русак, речь у него, конечно, замусоренная жаргоном, но произношение абсолютно чистое, московское. Можно голову дать на отсечение, что на Украине он не жил и языком не пользовался. Нужно искать в его конторе украинца и оторвать ему голову. Но если неизвестный доброжелатель прав насчет аппаратуры, а он, по всей вероятности, не врет, потому что все можно проверить, то встречаться и разговаривать с Варфоломеевым в конторе нельзя. Нужно искать безопасное место, где не запишут.

Ермилов резко снял телефонную трубку и набрал номер.

— Антон Федорович, нам нужно встретиться, — официальным тоном произнес он на всякий случай. — Да, срочно. Нет, не у вас. Давайте за городом...

Через полтора часа Ермилов подъехал

к назначенному месту. Варфоломеев уже ждал, ему до Новорижского шоссе было ближе, чем следователю. Михаил Михайлович достал из кармана письмо и сунул под нос хозяину «Мелодии-Плюс».

— Что это такое? Что это такое, я тебя спрашиваю, козел вонючий? Какого хохла ты в своей лавке пригрел?

— Да с чего ты взял, что это хохол? — опешил Варфоломеев.

— А с того, что я читать умею и украинский знаю, как ты матерный. Есть у тебя в конторе люди с Украины?

— Был один, — растерянно сказал Варфоломеев. — Но я его уволил недавно. На прошлой неделе.

— За что?

— Да ну его, не просыхал. Сам же знаешь, пьяницам веры нет, сболтнут что угодно и где угодно.

— Кем он работал?

— Техникой занимался. Он вообще-то хороший электронщик, толковый, и руки

золотые. У них там на Украине работы нет, а здесь они готовы за копейки работать. Наши московские гроши для них целое состояние.

— Адрес его знаешь?

— Не проблема, ребята знают, они все друг у друга дома бывали.

— Значит, так, Варфоломеев. В дело лишних людей не посвящаем, и так уже слишком многие в курсе. Лыткин твой пока держится, но на него могут нажать посильнее, и он сдаст тебя.

— Не сдаст, — уверенно ответил Антон Федорович, — он парень крепкий, здоровый.

— Такой же, как все твои ублюдки?

— Нет, Васька не ширяется, у него мозги ясные.

— Все равно, лишних не впутываем. Хватит нам одного козла, который накололся и дело запорол. Сейчас мы с тобой, Варфоломеев, поедем к этому твоему хохлу и вытрясем из него все, что можно.

И чего нельзя. Сначала вытрясем кассеты, потом объяснения, а потом мозги. Ты все понял?

— Понял я. Может, все-таки не сами, а? У меня бойцы в машине, им поручим.

— Я сказал: сами, — Ермилов чуть повысил голос. — Хватит, напоручались уже. От твоих козлов одни неприятности. Надо было мне с самого начала тебя под суд отдать, все равно с тебя толку никакого. Поехали.

* * *

Настя положила трубку и с видом победителя посмотрела на Колю Селуянова.

— Или мы не молодцы? Или мы не умники?

— И умницы, — добавил Селуянов. — Не томи душу-то. Чего они сказали?

— Все, что надо, то и сказали. Наш украинский друг оказался на редкость толковым парнем. Он и себя перед ними оправдал, и таких реплик им накидал, что уши увяли. Но зато Ермилов и Варфоло-

меев в ответ на эти реплики произнесли все слова, о которых мы с тобой мечтали, когда разрабатывали эту простенькую комбинацию. Теперь конец им пришел, Коля, не открутятся.

— Думаешь? — с сомнением произнес Селуянов.

— Она думает, — раздался от двери знакомый баритон. — Она же больше ничего не умеет, кроме как думать. А что суд скажет по поводу ее великих мыслей, она как-то думать забывает.

В кабинет вошел Виктор Алексеевич Гордеев собственной персоной. Его здесь никак не ждали, все полагали, что если он приезжает сегодня днем, то на работу выйдет не раньше завтрашнего утра.

— Ой, Виктор Алексеевич, — растерянно пискнула Настя, мысленно похвалив себя за то, что вовремя остановила уже готовое сорваться с языка «Колобок».

— Вот тебе и «ой», — сердито бросил Гордеев. — Думала, без меня можно наколбасить, и все с рук сойдет?

— Виктор Алексеевич, — торопливо заговорила Настя, — вы не волнуйтесь, мы с судьей согласовали.

Селуянов вскочил со стула и подставил его начальнику. Тот уселся поосновательнее, скрестив на груди крепкие округлые руки, и вперил в Настю недоверчивый взгляд.

— Да? С судьей, говоришь? Ну-ка, послушаем.

— Честное слово, Виктор Алексеевич. Гмыря сам к судье ходил. У нас были оперативные данные о том, что недавно уволенного сотрудника фирмы «Мелодия-Плюс» Андрея Переоридорога собираются убить. Мы встретились с Андреем, и он дал добровольное согласие помочь в предотвращении убийства и поимке преступников. Ему были выданы технические средства, проведен инструктаж по пользованию ими. Судья сказал, что основания для использования технических средств есть, и если Переоридорога впоследствии

даст показания в суде, когда и при каких обстоятельствах была сделана запись, то все будет признано законным.

— А ну как твои разрабатываемые ему не поверили бы, а? Вы же на что рассчитывали? — спросил Гордеев и тут же сам себе ответил: — На то, что этот Андрей с трудной фамилией сможет перед ними оправдаться, они ему поверят и уйдут себе с миром, наговорив ему предварительно на диктофоны семь бочек арестантов. Так я понимаю?

— Так, — осторожно откликнулся Селуянов.

— А если бы нет? Если бы они его убивать кинулись? С чего вы взяли, что он сможет быть настолько убедительным и они ему поверят?

— Обижаете, Виктор Алексеевич, — тут же ответил Николай, — вся встреча контролировалась с начала и до конца. У нас даже ключ был от квартиры этого украин-

ца, он сам нам его дал, чтобы мы могли в любую секунду ворваться.

Гордеев еще какое-то время переводил подозрительный взгляд с Насти на Селуянова и обратно, потом вздохнул.

— Ну ладно, коль не врешь...

— Виктор Алексеевич, ну когда я вам врала! — Настя попыталась сыграть обиду, впрочем, безуспешно.

— Откуда я знаю, — резонно возразил полковник. — Я тебя на вранье пока не ловил, но это не означает, что ты меня ни разу не обманывала. Ты же хитрющая, как я не знаю что. Особенно после того, как у Заточного поработала и набралась у него всяких штучек. Признавайтесь, кто про письмо придумал?

— Я, — откликнулась Настя. — А что, плохо придумано?

— Рискованно. Где гарантии, что оно сработает?

— Гарантии дают только шарлатаны, — встрял Селуянов, — а у Аськи был расчет.

Вы же сами нас учили, что плясать надо от человека. Мы выяснили, что Ермилов долго жил и учился на Украине и свободно владеет украинским языком. Он — следователь, и, значит, он в отличие от нас, глупых маленьких оперов, умеет работать с документами, умеет их читать и анализировать, видеть между строчек. К тому же Ермилов, как мы выяснили, долгое время специализировался на расследовании хозяйственных преступлений, а в них, сами знаете, документы — основной элемент. То есть мимо признаков украинского происхождения автора письма он бы никогда в жизни не прошел.

— Ладно, это вы молодцы. Но все равно рисковали. А вдруг этот украинец не стал бы вам помогать, а, наоборот, заложил? Об этом вы не подумали?

Настя собралась было ответить, но Селуянов снова кинулся грудью на амбразуру:

— Обижаете, гражданин начальник,

мы сначала изучили весь контингент сотрудников фирмы, особенно уволенных или чем-то обиженных, и подыскали такого человека, который нам подойдет. А потом уже придумывали, как в письме дать на него точную наводку, чтобы Ермилов пришел разбираться именно к тому, на кого мы технику навесили. Вы не думайте, Виктор Алексеевич, мы все просчитали и с Гмырей согласовали.

— Просчитали они... — куда-то в пространство проворчал Гордеев. — Счетоводы. Арифмометры. Меня на вас нет.

— Теперь уже есть, — почему-то обреченно констатировал Селуянов.

— Не дерзи, Коленька, старшим, — ласково сказал Колобок. — Я тебе в отцы гожусь. Ладно, с этим все. Дальше что делать будете?

— Дальше в понедельник Гмыря доложит руководству, и материалы будут переданы в прокуратуру для дальнейшего расследования, — пояснила Настя. — А до

понедельника пусть Ермилов погуляет и помучается вопросом, кто же это ему письмецо написал. Переоридорога был жутко убедителен, они его даже бить не стали, поверили, что это не он написал. Ермилов все-таки очень опытный следователь, он сразу может отличить, врут ему или правду говорят, а Андрею даже притворяться не пришлось, он же действительно этого письма не писал и никаких кассет у него нет.

— Наружку задействовали?

— За Ермиловым-то? Конечно. Правда, они нас уже клянут, мы их за Дударевым следить подряжали, не прошло и года — снова дергаем. У них там свои сложности, сами знаете. Планы, графики, нагрузка и финансовые проблемы. Все в одной кучке. Сегодня пятница заканчивается, впереди суббота и воскресенье, посмотрим, будет ли Ермилов в эти два дня что-нибудь предпринимать, а в понедельник уже следователи подключатся.

— Пятница заканчивается, — зачем-то повторил Колобок. — Уже пятница. Уже июнь кончается. Один летний месяц как корова языком слизала. Слушайте, дети мои, вы хоть успеваете замечать, как время летит? Оно летит само по себе, а мы за ним не поспеваем. Все время опаздываем... Что-то я разбрюзжался. Это я с дороги такой злой, в поезде душно было и грязно, ехал и думал, на ком бы злость сорвать. Специально поехал не домой, а на работу, знал, что кто-нибудь наверняка провинился и под руку попадется.

— Ну и как? — осторожно спросила Настя. — Повезло? Удалось найти жертву?

— Мне не повезло. Зато вам, обормотам, повезло. Пришел я сюда, Короткова вызвал, доклад его выслушал и вдруг понял, что вы все уже большие мальчики и девочки. Растил я вас, растил — и вырастил. На свою голову. Юрку до своего зама дорастил. Ты, Стасенька, уже подполков-

ник. Ты хоть понимаешь, что всего на одну звезду ниже меня стоишь?

— Звезда — не показатель мастерства, — возразила Настя. — Мне до вас семь верст и все лесом. По сравнению с вами я еще дитя.

— Да нет, деточка, ты уже давно не дитя. Вон какую красивую комбинацию спроворила, и все сама. Я же знаю, тебе ребята только сведения в клювике таскали, а все остальное ты сама выдумала, своей собственной головой. Знаешь, чем хороша твоя комбинация?

— Гениальностью, — хихикнул Селуянов, который уже понял, что гроза прошла стороной и можно снова начинать привычно балагурить.

— Простотой, — продолжал Гордеев, пропуская реплику Николая мимо ушей. — Простая комбинация — самая хорошая, но только настоящие мастера умеют строить и осуществлять простые комбинации. Так вот, посмотрел я на вас и подумал:

когда ж вы вырасти-то успели? Вроде все время детьми были, и вдруг вижу — взрослые вы совсем.

— Так разве это плохо, Виктор Алексеевич? — спросила Настя. — Все дети растут и взрослеют, это закон природы.

— Это верно. Но у природы есть еще один непреложный закон: у взрослых детей не бывает молодых родителей. Ладно, дети мои, пойду я домой, устал с дороги.

Гордеев встал и молча вышел из кабинета. Настя прислушивалась к его шагам, удаляющимся по коридору в сторону лестницы, и почувствовала, как у нее защемило сердце.

— Коля, — сказала она дрогнувшим голосом, — он скоро уйдет.

— Куда?

— На пенсию.

— Откуда знаешь?

— Оттуда.

Она показала рукой на то место на груди, где под ребрами находится сердце.

* * *

В субботу после обеда Михаил Ермилов сказал жене, что поедет в оздоровительный лагерь навестить сына и отвезти ему фруктов и воды.

— Я тоже хотела бы поехать, — безнадежно сказала Ольга.

Она уже не смела настаивать, она могла позволить себе только робко просить. И даже не просить, этого она тоже не смела, а лишь намекать на просьбу.

— Я поеду один, — отрезал Михаил.

— Но я бы хотела увидеть Валерку.

— Можешь поехать в воскресенье на электричке.

Ольга вздохнула.

— Хорошо.

У сына Ермилов пробыл до вечера, подождал его после ужина, и они вместе провели время до отбоя. В десять часов Михаил Михайлович уехал из лагеря, но километра через три остановил машину и замер, опершись на руль.

Все наперекосяк. Все не получается. С самого начала не заладилось. Ведь бывает же такое. Как началось с того, что этот идиот-наркоман рванул машину не с Дударевым, а с его женой, так и пошло-поехало. Исполнитель засветился перед случайным мальчишкой, который не только видел его, но и разговаривал с ним. Это каким же надо быть идиотом, чтобы специально привлекать к себе внимание, когда сидишь на месте преступления и ждешь жертву! Совсем мозгов не иметь. Водички он попить, видите ли, захотел. Жажда его, козла, замучила. Пришлось искать мальчишку и принимать меры, чтобы он исполнителя не опознал. Пришлось исполнителю дозу подсунуть с добавочкой, чтобы от него, козла безмозглого, тоже избавиться. Хорошо еще, что он наркотики брал всегда в одном и том же месте, у соседки своей, так что подсунули ему смертельную отраву без проблем. Наркоманы глупы и доверчивы, ска-

жешь ему, что есть новая «мулька», которую если поверх героина положить, то кайф сильнее и дольше, он и поверил. Ему дали обычную дозу героина, а в придачу под видом «мульки» еще тройную дозу, он сначала из первого пакетика укололся, потом из второго, вот и вся недолга. С выводом из игры исполнителя, пожалуй, единственное светлое пятно. Прошло без сучка без задоринки, никто не прицепится, никакая экспертиза не докажет, что беднягу обманули и он не знал, что именно вкалывает себе в вену.

После того как идиот исполнитель ошибся и убил вместо Дударева его жену, пришлось срочно все перестраивать. Тут же нашлись улики и сформировались подозрения в адрес мужа погибшей, в этом деле Михаил Михайлович был большим мастером. Главное — чтобы как можно дольше не вскрылось, что Дударев — любовник его жены. В первый же день, когда Дударева допрашивали, Ермилов пред-

ставился, он обязан был это сделать. Но сделать-то можно по-разному, особенно если допрашиваемый в шоке и растерзанных чувствах. «Я следователь, буду вести следствие по делу об убийстве вашей жены, зовут меня Михаилом Михайловичем...» Вот и все. Кто обратит внимание, что он фамилию не назвал? А уж когда после многочасового допроса придется протокол подписывать, так задержанный только ответы свои будет читать, от них его судьба зависит, а в верхнюю часть первого листа, где фамилия следователя указана, он и не посмотрит никогда. Сто раз проверено. На этом фокусе можно было бы несколько дней ехать и успеть так все оформить, что Дудареву конец придет. Но тут Ольга выступила... Дурочка, порядочностью своей и сердобольностью все карты ему спутала. Пришлось уже через сутки дело передавать. Все наперекосяк, ничего толком не выходило.

Храмов еще этот... Тоже сыскарь-оди-

ночка. Надо отдать ему должное, мужик он был неглупый, но много ума — это недостаток, который может стоить жизни. Вот Храмов своей жизнью за свой острый ум и заплатил.

Ермилов отчетливо вспомнил, как пришел к адвокату. Он сразу же, как только Ольга сказала, что адвокат отказался от дела, почувствовал тревогу. И оказался прав. Бедняга адвокат так запаниковал, узнав, кто к нему пришел, что и двух мнений быть не могло. Он боялся Ермилова, потому что узнал, кто за ним стоит. Вернее, под ним, а это еще опаснее. Потому что когда стоят ЗА тобой, то еще вопрос, станут ли они за тебя заступаться, когда ты попадешь в беду. А вот когда криминальные структуры стоят ПОД тобой, то можно не сомневаться: ты отдашь приказ — и они все сделают.

Храмова пришлось убирать. На Варфоломеева надежды больше не было, он и заказ на Дударева запорол, и с мальчиш-

кой-свидетелем лопухнулся, в живых оставил. Нет больше ему веры, а других, кому можно такое дело поручить, у Ермилова не было. Так что с адвокатом пришлось заниматься самому.

И с Дударевым не все вышло, как хотелось бы. Сначала все шло гладко, и Борька Гмыря этого вояку невзлюбил со страшной силой, даже невооруженным глазом было видно. Гмыря тянул следствие в сторону обвинения Дударева, и это хоть как-то утешало Ермилова. Но потом произошла накладка со старухой, которая должна была опознать Дударева. Что уж там случилось, Ермилов так и не выяснил, потому что Борька Гмыря вдруг вообще перестал даже упоминать о ходе расследования. До этого момента с ним хоть парой слов можно было обменяться, а потом он как воды в рот набрал. Но факт есть факт — опознание не сработало. На контору Варфоломеева вдруг ни с того ни с сего управление по незаконному обороту

наркотиков наехало. Может, это из-за старухи? Все может быть.

А толку от всего этого? Он хотел убить Дударева, потому что Ольга его любила. Дударев жив. И что дальше? Ермилов впервые задумался о том, что было бы, если бы все удалось и Дударев погиб. Что, Ольга перестала бы его любить? Нет. Она бы все время помнила о нем и горевала. Ольга стала бы лучше относиться к мужу? Тоже нет. Муж каким был — таким и остался. Ольга больше никогда не изменяла бы ему? Не факт. Единожды солгавший, кто тебе поверит?

Тогда зачем все это? Зачем он все это затеял?

Михаил Ермилов, сидя в машине в половине одиннадцатого вечера в субботу, двадцатого июня, ни минуты не раскаивался в том, что сделал. Он не раскаивался в смерти Елены Дударевой, Кости Вяткина, адвоката Храмова. Он не раскаивался в том, что из-за него чуть не погиб

шестнадцатилетний Денис Баженов. Ему не было жалко их. Ему было жалко себя. Ревность — страшное чувство, и преодолевать его можно только собственными усилиями собственной души, а не при помощи манипуляций другими людьми. Ермилов этого так и не понял. Он знал и понимал одно: Ольга его обманула, изменила ему, и он должен был сделать все, чтобы это прекратить. Чтобы не было на свете никакого Дударева. Но Ольга чтобы осталась с ним, с Ермиловым. Это тогда, в самом начале он так думал. Потому и затеял все. А теперь, возвращаясь домой из лагеря, где проводил каникулы его сын, он вдруг понял, что, даже если бы все получилось так, как он задумал, это его не спасло бы. Он все равно сходит с ума от ревности и все равно не верит жене. Все оказалось бессмысленным.

Ермилов нехотя завел двигатель и поехал в Москву. В машине был кондиционер, потому ехал Михаил Михайлович с закрытыми окнами. Он не заметил, как

внезапно поднялся ветер, и спохватился только тогда, когда увидел прямо перед ветровым стеклом летящий ему навстречу рекламный щит. Несколько секунд он раздумывал, не остановиться ли, чтобы переждать грозу, но решил продолжать движение, пока не начнется дождь. Может быть, он будет не сильным, не стеной, и вполне можно будет проехать. В любом случае надо поторопиться, как знать, а вдруг он убежит от грозы и успеет добраться до дома. Ермилов прибавил скорость, шоссе было пустым, и он разогнал машину до ста тридцати километров в час.

Он даже не успел понять, что произошло, когда огромное дерево упало на дорогу прямо перед передними колесами автомобиля. Ермилов врезался в ствол на полной скорости. Машина перевернулась несколько раз и загорелась, но Михаил Михайлович не почувствовал ожогов. Он умер мгновенно, потому что рулевая колонка пропорола ему грудную клетку.

* * *

Прошло три дня. Москва приходила в себя после урагана, какого не помнили даже старожилы. Кто-то ликвидировал последствия разгула стихии, кто-то тащил на свалку то, что еще недавно было любимым автомобилем или гаражной коробкой, кто-то навещал раненых в больницах, кто-то хоронил близких. Сначала сообщалось, что во время стихийного бедствия погибло пять человек, потом сведения стали уточняться, и к концу расчистки города и области от завалов цифра стала существенно больше.

О гибели мужа Ольга Ермилова узнала в воскресенье днем. Сначала она не особенно волновалась, когда мужа в десять вечера еще не было дома, она понимала, что Михаил ее избегает и старается по возможности прийти как можно позже. В одиннадцать вечера, когда налетел ураган, Ольга забеспокоилась. В три часа ночи, спустя примерно час после того, как

природа успокоилась, мужа еще не было, и Ольга решила, что в связи с бедствием всех работников милиции вызвали на службу. В десять утра она позвонила Михаилу на работу, но ей никто не ответил. И она вдруг отчетливо осознала, что его нет не только дома. Его нет вообще.

А к пяти часам вечера ей сообщили.

В среду к ней пришел Дударев. После проведенных в камере дней выглядел он неважно, похудел, осунулся, но глаза горели каким-то злым огнем. Он позвонил Ольге и спросил, где они могут встретиться. Ольга сказала, что он может приехать к ней.

— Меня выпустили, — заявил Георгий прямо с порога.

— Я вижу, — тихо ответила Ольга, не глядя ему в лицо.

— Ты что, не рада?

— Я рада за тебя.

— Меня совсем выпустили, ты что, не понимаешь? До этих ментов поганых до-

шло наконец, что я не виноват в смерти Елены.

— Я понимаю, Георгий. Тебя выпустили совсем.

Дударев посмотрел на Ольгу более внимательно, попытался обнять, но она отстранилась.

— Ты что, больше меня не любишь? — спросил он, сам не веря в то, что говорит.

Она ждала этого вопроса, она давно его ждала и знала, что отвечать придется. Если она не хочет, чтобы все началось сначала, ей придется собрать остатки мужества и ответить. Ответ был готов заранее, но в этот момент Ольга едва не дрогнула. Может, не надо? Она осталась одна, Георгий тоже один, и нет ничего плохого в том, что они будут вместе. Ведь были же те полгода, когда им было так хорошо вместе. Полгода, когда ей казалось, что она счастлива. Так, может быть, это не ушло совсем? Может быть, все еще вернется? Ей так трудно будет одной... Нет, нельзя.

Если она хочет сохранить хоть каплю уважения к себе после всего, что натворила, надо ответить так, как решила.

— Нет, не люблю, — сказала она, не слыша себя.

На такой ответ Георгий явно не рассчитывал. На небритом хмуром лице проступило недоверие, уж не ослышался ли.

— Как это понимать? Вчера любила, а сегодня не любишь?

— Да, сегодня уже не люблю.

— Что, и встречаться со мной больше не будешь?

— Не буду.

Ну вот и все, слова произнесены. Хода назад нет, теперь уже нельзя сказать, что ты пошутила или неудачно выразилась и тебя неправильно поняли. Все предельно ясно. Ольга почувствовала облегчение, насколько вообще возможно такое чувство накануне похорон мужа.

Дударев нервно заходил по комнате, засунув руки в карманы брюк.

— Оля, что происходит? Я тебя чем-то обидел? Объяснись, будь любезна.

— Я ничего не могу с этим поделать, Георгий, — ровным голосом ответила она. — Я больше не хочу быть с тобой. Не хочу.

— Так, значит, — с угрозой произнес Георгий Николаевич. — Пока я был в порядке, ты меня любила, а стоило мне попасть в беду — так все, пошел вон со двора, нам замаранные не нужны, мы чистеньких любим. Так, что ли?

Ольга помолчала, потом отошла от Дударева в противоположный угол комнаты и встала, прижавшись спиной к стене. Ей не нужно было сейчас это объяснение, но рано или поздно оно должно было состояться, так пусть уж лучше сейчас, не стоит откладывать.

— Знаешь, я с самого начала не верила, что ты невиновен. Я была уверена, что это ты убил свою жену. Ты был в моих глазах замаран — дальше некуда. Но я на-

шла тебе адвоката, я нашла деньги, чтобы ему заплатить, я согласилась на то, чтобы у моего мужа были неприятности по службе, только чтобы тебя вытащить. А знаешь, почему я тебе не верила? Потому что ты даже не нашел времени, чтобы просто поговорить со мной. По-человечески поговорить, понимаешь? Спокойно, доверительно. Объяснить мне все. Поклясться, что ты невиновен. А ты этого не сделал. Ты разговаривал со мной сквозь зубы, ты отдавал мне приказания. Ты вел себя так, как ведут себя действительно виновные. Пойми меня, Георгий, я не обиделась, дело не в этом.

— А в чем же? — сухо спросил он.

— В том, что ты не считал нужным вести себя по-другому. Тебе было все равно, что я думаю и чувствую. Тебе вообще было на меня наплевать. Ты просто манипулировал мной, как вещью, как приборчиком, который может помочь тебе доказать свою невиновность. Я не хочу, чтобы

мной манипулировали. Для тебя люди — грязь, они ничто, ты с ними не считаешься, ты их просто используешь в своих целях. А я не хочу больше, чтобы ты меня использовал. Тебе понятно?

Георгий рассмеялся. Он подошел к Ольге и крепко обнял ее, не давая вырваться.

— Ну что ты, Оленька, — тихонько приговаривал он, целуя ее волосы, — что за глупости ты себе напридумывала? Ты просто устала, эта жара тебя измотала. Ты все неправильно понимаешь. Я очень тебя люблю. Сегодня ты не в настроении, давай встретимся завтра прямо с утра, ты отпросишься с работы, мы проведем целый день вместе, как раньше, помнишь? Погуляем, сходим на книжную ярмарку, посидим в ресторане, отметим мое освобождение.

— Завтра я не могу.

— Почему? Чем таким серьезным ты

занята? Что вообще может быть важнее нашей любви?

— Завтра я хороню мужа. Он погиб во время урагана.

Ольга удивилась, что смогла сказать об этом спокойно, не заплакав. Даже голос не дрогнул. Дударев отстранился и со страхом посмотрел на нее.

— Ты... Ты не шутишь?

— По-моему, похороны мужа не повод для шуток.

— Но почему же ты мне сразу не сказала, Оля? Как же так? Я тут стою как дурак, распинаюсь про любовь, а ты думаешь о похоронах. Чего ж удивляться, что ты говоришь такие глупости.

— Правильно, Георгий, удивляться не надо. Ты сам себя слышишь? Ты хоть понимаешь, что происходит? У меня погиб муж, мой сын лишился отца, а ты думаешь только о том, что глупо выглядишь. Вот это и есть то самое, о чем я тебе говорила. Для тебя люди — грязь. Для тебя су-

ществует только Георгий Дударев, который стоит в центре вселенной. Прости, но у меня своя вселенная, и вокруг тебя она больше не вертится. Уходи, пожалуйста.

Ей действительно хотелось, чтобы он ушел. Человек, который в последние полгода был ей таким близким и родным, вдруг оказался чужим, неприятным и совершенно ненужным. Боже мой, почему она все это сделала? Как могла так безоглядно влюбиться в это эгоистичное чудовище? Где были ее глаза и уши? Ведь Георгий не стал другим, он всегда был именно таким, а ей он казался чудесным, добрым, умным, самым лучшим. Ради его спасения она пошла на то, чтобы причинить боль мужу. Если бы не это, Михаил не отстранился бы от нее, и в субботу они поехали бы к сыну вдвоем. И наверняка уехали бы из лагеря гораздо раньше. Ольга понимала, что Михаил так надолго задержался, чтобы как можно позже при-

ехать домой, где ему было совершенно невыносимо. Они уехали бы раньше и к одиннадцати вечера, когда начался ураган, были бы дома. А может быть, они вообще поехали бы не в субботу, а в воскресенье. И он остался бы в живых. Но Михаил погиб, и случилось это только из-за нее. Если бы он не узнал о ее измене, между ними не возникло бы отчуждение. А об измене он не узнал бы, если бы Ольга не изменяла. Вот и все. Она принесла своего мужа в жертву... чему? кому? Сомнительному счастью быть рядом с этим чудовищным эгоистом, с холодным и, по существу, жестоким человеком? Внезапному романтическому порыву, временному помрачению рассудка? Ну почему, почему она раньше не смогла посмотреть на ситуацию со стороны и понять, что эта опасность подстерегает всех женщин, чьи мужья слишком заняты своей работой. Эти мужья пропадают на работе с утра до ночи, их вызывают и по праздникам, и по выходным, и

среди ночи. А женам хочется совместных походов на выставки, концерты и к друзьям, им хочется обсудить новинки литературы и кинопроката, но разве с мужем их обсудишь, если у него нет времени прочитать новую книгу или посмотреть новый фильм, у него нет времени, а если есть время, то нет сил идти к друзьям или на выставку. В свободные от работы часы он хочет полежать и помолчать, и ведь это так естественно, это так нормально! Ну почему она, Ольга, относилась к этому как к чему-то обидному и неправильному? И она, и многие другие жены попадают в эту ловушку, им хочется дружбы с мужем и внимания с его стороны, а у него только работа, работа, работа... И вот они встречают человека, гораздо более свободного в смысле времени, человека, который обсуждает с ними все то, что они хотели бы обсудить с мужем, и начинается кошмар постоянного и цепляющегося одним звеном за другое вранья, хитростей, уловок.

Обыкновенный недостаток общения толкает женщин на поступки, о которых они впоследствии так жалеют. Может пройти совсем немного времени, и окажется, что тайный возлюбленный не так уж умен, не так уж достоин уважения и даже вовсе непорядочен, но все уже случилось, супружеская жизнь отравлена ложью, и дальше уже все равно...

— Уходи, Георгий, — повторила Ольга, видя, что Дударев и не собирается уходить. Он удобно уселся на диване и с интересом смотрит на нее, как на любопытное ископаемое.

— Ты пожалеешь об этих словах уже завтра, — с уверенностью заявил он. — Одумайся, Оля. Завтра ты похоронишь мужа, и что дальше? Ты готова остаться одна?

Ей стало муторно и противно при мысли о том, как сильно она его любила. Совсем недавно. Как быстро все меняется!

— Я не знаю, — честно ответила она. — Может быть, мне будет трудно одной. Но

уж то, что я не хочу быть с тобой, — это совершенно точно.

Георгий некоторое время сидел неподвижно, будто обдумывая услышанное, потом поднялся, вышел в прихожую и хлопнул входной дверью. Ольга пошла на кухню, достала из шкафа коньяк, налила себе рюмку, выпила залпом.

— Прости, Миша, — тихо сказала она. — Но я сделала хотя бы это.

* * *

Прошло еще две недели, и Настя пришла в больницу в последний раз. Завтра Дениса Баженова должны были выписывать. Он уже ходил, и они с Артемом даже гуляли вокруг корпуса. Настя и сама не понимала, почему регулярно навещает Дениса, свободного времени у нее было совсем мало, но, поразмыслив, она поняла, что чувствует себя отчасти виноватой в случившемся. Если бы Артем так по-детски не влюбился в ее голос, Денису не пришлось бы ревновать, и он никогда не сде-

лал бы той глупости, которую совершил, чтобы вернуть себе любовь и внимание Артема.

— А знаете, что мы придумали? — торжественно произнес Денис, когда Настя вошла к нему в палату. — Мы оба пойдем работать добровольными помощниками в Центр защиты от стресса. Ведь этот метод так мне помог, значит, он поможет еще многим, и просто ужасно обидно, что так мало людей об этом знают. Мы уже с Вадимом договорились, он сказал, что доктор Алиев не будет возражать.

— И что же вы будете там делать? — удивилась Настя. — Вы же не специалисты, у вас вообще нет никакого образования.

— Это неважно, — вступил Артем, — мы будем полы мыть, стулья чинить, да что угодно. Мы долго с Денисом это обсуждали и поняли, что нашли дело, которому хотели бы служить. Мы оба.

Он сделал ударение на последних сло-

вах, и Настя все поняла. Поняла и оценила ту жертву, которую с готовностью принес девятнадцатилетний юноша во имя дружбы. Ведь он хотел быть музыкантом...

Когда она собралась уходить, Артем пошел проводить ее. Он всегда провожал ее, и Денис уже не нервничал, видя, как его друг выходит из палаты следом за ней.

— Анастасия Павловна, я хотел вас поблагодарить, — немного смущенно начал Артем, когда они вышли из здания.

— За что?

— За Ирину Астапкину. Если бы не вы, я бы никогда не узнал, что есть человек, который пишет такие стихи и так поет.

— Я рада, что тебе понравились ее песни, — улыбнулась Настя. — Они мне тоже очень нравятся.

— Да нет, не в этом дело... — Артем остановился, подыскивая слова. — Не в том дело, нравится мне или нет. Дело в тех мыслях, которые приходят в голову после ее песен.

— И какие мысли пришли тебе в голову? — поинтересовалась она.

— Я понял, что надо уметь быть счастливым каждый момент, а не ждать, что счастье наступит когда-нибудь потом. Вы меня понимаете? Я, наверное, плохо объясняю... Вот, например, у нее есть песня про Новый год.

Часы несутся к рубежу,
Они готовы к грабежу.
Я не усну, но прогляжу,
Никто и глазом не моргнет —
И вот украден Старый год.

А может быть, он лучшим был,
Но не успел, не долюбил,
Он был украден полным сил.
Теперь мне ясно по всему,
Что елка — памятник ему.

— Я знаю эту песню, — кивнула Настя. — Она всегда казалась мне очень грустной. Я даже плакала, когда слушала ее в первый раз.

— Я тоже, — признался Артем. — И представляете, я вдруг посмотрел на

часы и увидел, как стрелки идут, идут, неумолимо так идут, их ничто не остановит, и они действительно съедают время, воруют его. Вот они подошли к двенадцати, и пропал час, пропал день, пропал год. Они его украли. Мы всегда так ждем этот праздник, я говорю про Новый год, как будто мы уже заранее решили, что у нас все плохо и неинтересно, а вот завтра начнется новый год, и все изменится к лучшему. Понимаете? В нас как будто с самого рождения вкладывают мысль о том, что нужно думать только о будущем и жить только завтрашним днем. И мы все так и поступаем. А вдруг сегодняшний день — это вообще самое лучшее, что было, есть и будет во всей твоей жизни? А ты этого и не заметил, не увидел, не понял, и только в глубокой старости ты вдруг начнешь осознавать, что вот он — самый лучший год в твоей жизни, он был так давно, а ты его пропустил, не оценил, все ждал чего-

то лучшего. Я сумбурно говорю, да? Вы так на меня смотрите... Я чушь несу?

— Нет, Артем, — очень серьезно сказала она. — Ты говоришь абсолютно правильные вещи, а смотрю я на тебя так потому, что удивляюсь.

— Удивляетесь? — настороженно переспросил он. — Чему?

— Твоей мудрости. Ты в свои девятнадцать лет оказался сильнее и мудрее многих взрослых. Я ведь тоже поняла эту мысль и долго ее обдумывала, но это случилось совсем недавно. Понимаешь? Мне тридцать восемь лет, и до меня эта истина дошла только сейчас. И еще... Ты говорил, что хочешь быть композитором. А теперь вы с Денисом решили посвятить себя делу доктора Алиева. Ты так легко отказался от своей мечты?

Она и сама не знала, зачем спрашивает Артема об этом. Ответ был ей известен, но ей хотелось убедиться в том, что она не ошиблась. Уж слишком невероятным

казалось ей, чтобы такой юный человек смог совершить такой зрелый взрослый шаг.

— Вы знаете, Анастасия Павловна, я подумал, что мне, наверное, не нужно становиться музыкантом. Я не смогу заниматься этим полноценно из-за своей слепоты, а значит, это будет уже не музыка, а... некое ее подобие. Призрак музыки, что ли. Короче, это все будет ненастоящее. А я очень боюсь, что все будут считать меня инвалидом и жалеть, все будут думать, какой я молодец — слепой, а играю, и так далее. Будут жалеть и из жалости будут врать, что я пишу хорошую музыку, которая на самом деле будет плохой. А я так не хочу. Я не хочу мучиться подозрениями, что люди вокруг меня неискренни. И я нашел дело, которое могу делать независимо от моих глаз, понимаете? И Денис будет со мной рядом, ему это тоже интересно. А потом, может быть, я вернусь к музыке. Вы же сами мне гово-

рили, что интересы у людей меняются. Завтра это снова будет музыка, а сегодня это... Это другое.

Он не сказал «дружба», он не сказал «Денис». Он сказал «другое», инстинктивно и деликатно избегая патетики.

«Просто невероятно, — думала Настя, возвращаясь из больницы домой, — откуда это у молоденького мальчика? Такое иному взрослому-то не под силу. Впрочем, говорят, что дети, с младенчества страдающие каким-нибудь недугом, взрослеют и мудреют намного раньше, у них вообще душа устроена как-то по-другому. И на мир они смотрят совсем другими глазами».

Она ехала в метро и думала о том, какой разной бывает ревность. Есть две разновидности проявлений ревности: ликвидировать соперника или возвыситься над ним. Первый путь проще, и по нему идет огромное большинство. Ограничить контакты любимого человеком с тем, к кому

ревнуешь, не давать ему шагу ступить без контроля, вынуждать отчитываться о каждой минуте и о каждом телефонном звонке. Отослать соперника подальше, если есть такая возможность. Увезти любимого в другое место, в другой город или страну. Можно скомпрометировать соперника, рассказывая о нем неприятную правду или, что значительно более просто, поливая его грязью на каждом углу и уничтожая его репутацию. Наконец, можно убить негодяя. Вариантов много, но суть одна: сделать невозможным общение любимого человека с тем, кто интересен и дорог ему больше, чем ты сам. Верх эгоизма на самом-то деле, но в таком обнаженном виде никто на проблему не смотрит. Именно по этому пути пошел опытный следователь и далеко не юный мальчик полковник Ермилов.

Но есть и второй путь: доказать любимому, что ты ничуть не хуже, что ты достоин любви, внимания и уважения, что в

тебе есть такие качества, которых нет у твоего соперника. Это путь трудный и долгий, он требует тяжелой работы и огромного терпения. Очень мало кто выбирает этот путь борьбы за свою любовь. Но шестнадцатилетний Денис Баженов выбрал именно его. Пусть неумело, пусть он все делал неправильно, но путь был тот самый, трудный и тяжелый. И уже за одно это он достоин уважения и любви. Самим фактом того, что он сделал такой выбор, он доказал, что отличается от множества других людей, и отличается в лучшую сторону. Дай бог ему счастья, хороший он человек.

Июнь — июль 1998 г.

Литературно-художественное издание

Маринина Александра Борисовна

ПРИЗРАК МУЗЫКИ
Том второй

Издано в авторской редакции
Художественный редактор *А. Стариков*
Художник *В. Щербаков*
Технические редакторы *Н. Носова, А. Щербакова*
Корректор *В. Назарова*

Налоговая льгота — общероссийский классификатор продукции ОК-005-93, том 2; 953000 — книги, брошюры

Подписано в печать с готовых диапозитивов 12.10.99.
Формат 70×90 $^1/_{32}$. Гарнитура «Таймс».
Печать офсетная. Усл. печ. л. 11,7. Уч.-изд. л. 7,26.
Тираж 150 000 экз.
Заказ № 2712

Изд. лиц. № 065377 от 22.08.97.

ЗАО «Издательство «ЭКСМО-Пресс»,
125190, Москва, Ленинградский проспект,
д. 80, корп. 16, подъезд 3.

Отпечатано на ордена Трудового Красного Знамени
Чеховском полиграфическом комбинате
Государственного комитета Российской Федерации
по печати
142300, г. Чехов Московской области
Тел. (272) 71-336. Факс (272) 62-536